MW01608510

L'Égypte des pharaons

PASCAL VERNUS
*Directeur d'études à l'École pratique
des hautes études à la Sorbonne*

HACHETTE
Éducation

L'auteur remercie vivement
Ch. Desroche-Noblecourt, Conservateur en chef du Département des Antiquités égyptiennes
au musée du Louvre, qui, avec son obligeance habituelle, lui a facilité l'accès aux documents
L'auteur exprime aussi sa gratitude à F. Gillmann et Y. Kœnig.

Crédits photographiques

Couverture : p. 1 au premier plan, *Nefertiti*, buste en calcaire provenant de Tell al-Amarnah (v. 1355 av. J.-C.), musée de Berlin, © M garete Büsing / BPK ; à l'arrière-plan, les pyramides de Gizeh, © Romilly Lockyer / The Image Bank ; p. 4 *Le Scribe accroupi*, statue l'Ancien Empire provenant de Saqqarah, musée du Louvre, © Chuzeville / RMN.

Ouvertures de parties et folios : pp. 6-7 *Musiciennes et danseuses* (détail), Collège de France, © Hubert Josse ; pp. 32-33 *Toutank mon sur son char chasse les lions* (détail), Collège de France, © Hubert Josse ; pp. 54-55 *Toutankhamon et son épouse* (détail), musée Caire, © Werner Forman Archive ; pp. 66-67 *Thouéris et Hathor* (détail), fac-similé du *Papyrus d'Ani* conservé au British Museu Collège de France, © Hubert Josse.

Pages intérieures : p. 8 musée du Caire, Photo Hachette ; pp. 9, 10 © Pascal Vernus ; p. 11 musée de Berlin, © Erich Lessin Magnum ; p. 12 musée du Louvre, © Hubert Josse ; p. 13 © Pascal Vernus ; p. 17 *in* Pirenne, *Histoire de la civilisation de l'Égy ancienne*, © Hubert Josse ; p. 19 © Erich Lessing / Magnum ; pp. 21, 22a, 22b musée du Louvre, © Hubert Josse ; p. 25 musée Louvre, © Erich Lessing / Magnum ; p. 26 Museum d'Histoire naturelle de Lyon (en dépôt au musée du Louvre), Photo Hachette ; p. musée du Louvre, Photo Hachette ; p. 31 Photo Hachette ; p. 39b musée du Louvre, Photo Hachette ; p. 42 © Dagli Orti ; p. 47 musée Louvre, © Erich Lessing / Magnum ; p. 52 musée du Louvre, © Hubert Josse ; p. 58 musée du Caire, © Werner Forman Archive ; p. musée du Louvre, © Dagli Orti ; p. 61 musée du Louvre, © Hubert Josse ; p. 64a musée du Caire, Photo Hachette ; p. 64b musée Louvre, Photo Hachette ; p. 69a © B. Brake / Rapho ; p. 69b © Pascal Vernus ; pp. 71, 72 © Hervé Champollion / Top ; p. 73 Ny Carlsb Glyptothek de Copenhague ; p. 75 musée du Caire, © Hirmer Fotoarchiv ; p. 76 musée du Caire, Photo Hachette ; p. 80 musée du Louv © Hubert Josse ; p. 79 musée du Louvre, Photo Hachette ; p. 80a © David W. Hamilton / The Image Bank ; p. 80b musée du Ca © Erich Lessing / Magnum ; p. 81 © Gérard Sioen / Rapho ; p. 82 Collège de France, © Hubert Josse ; p. 84 © John G. Ross / Rap p. 85a Ashmolean Museum, Oxford ; p. 85b © Pascal Vernus ; p. 88 © Michel Cogan / Top ; p. 89 *Le Mystère de la grande pyram* © Éditions Blake et Mortimer ; p. 90 *Décor pour la Flûte enchantée* de Karl Schinkel, © Hubert Josse ; p. 91 © Erich Lessing / Magnu

De nombreux fac-similés de peintures égyptiennes, relevés sur leur site d'origine, ont été photographiés avec l'aimable autorisat de Jean Yoyotte au Collège de France, par Hubert Josse, dans les ouvrages suivants :
• *Ancient Egypt Paintings*, vol. I, par Nina M. Davies, The University of Chicago Press, 1936 (pp. 36a, 37, 39a, 51) ; vol. II (pp. 6-7, 32-33, 45).
• *Paintings from the Tomb of Rekh-Mi-Rê at Thebes*, par Norman De Garis Davies, NY, The Metropolitan Museum of Art, 1935 (p. 15
• *Two Ramesside Tombs at Thebes*, par Norman De Garis Davies, NY, The Metropolitan Museum of Art, 1927 (pp. 16, 38, 49).
• *The Tomb of Two Sculptors at Thebes*, par Norman De Garis Davies, NY, The Metropolitan Museum of Art, 1925 (pp. 23, 53).
• *The Tomb of Nefer-Hotep at Thebes*, par Norman De Garis Davies, NY, The Metropolitan Museum of Art, 1932 (p. 27).
• *The Tomb of Nakht at Thebes*, par Norman De Garis Davies, NY, The Metropolitan Museum or Art, 1917 (pp. 34-35, 36b, 44).
• *The Mastaba of Mereruka*, vol. I, par P. Duell (directeur du chantier de fouilles à Saqqarah), The University of Chicago Press, 19 (pp. 40, 43, 50).
• *The Tomb of Ken-Amun at Thebes*, par Norman De Garis Davies, NY, The Metropolitan Museum of Art, 1930 (p. 64c).
• *The Temple of King Sethos I at Abydos*, vol. I, par Amice M. Calverley, The University of Chicago Press, 1933 (pp. 68, 69c).
• *The Book of the Dead*, par E.A. Wallis Budge, Londres, British Museum, 1899 (p. 77).

Couverture (conception-réalisation) : Jérôme Faucheux.
Intérieur (conception-maquette) : Marie-Christine Carini.
Réalisation PAO et photogravure : F.N.G.
Illustrations : Yves Beaujard.
Cartographie : Hachette Classiques.

ISBN : 2.01.166.660.0
© Hachette Livre, 1994.

SOMMAIRE

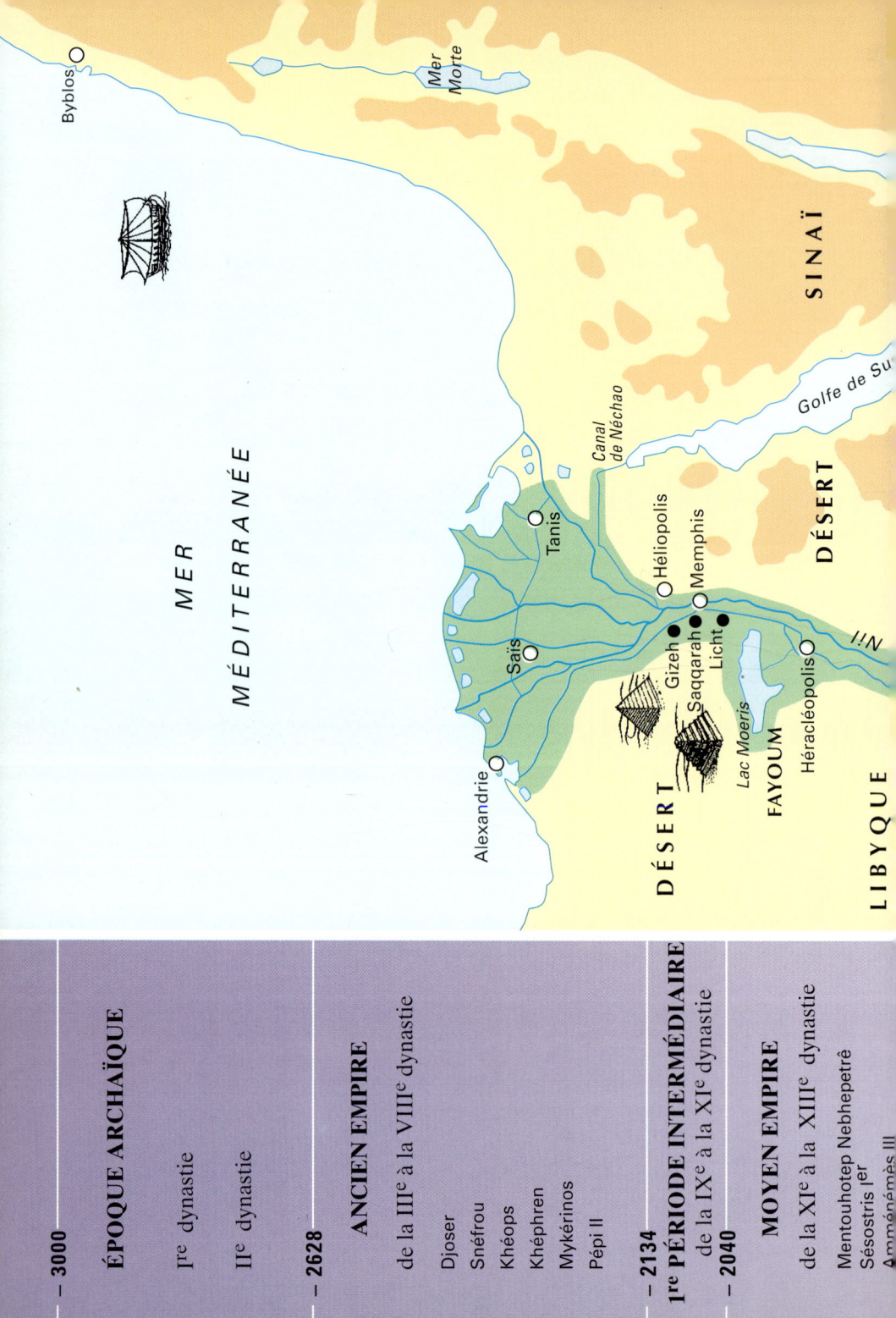

Byblos

Mer Morte

S I N A Ï

Golfe de Su

MER MÉDITERRANÉE

Canal de Néchao

Tanis

Héliopolis
Memphis
Gizeh Saqqarah
Licht

D É S E R T

N i l

Saïs

Alexandrie

Lac Moeris

FAYOUM

Héracléopolis

D É S E R T

L I B Y Q U E

— 3000

ÉPOQUE ARCHAÏQUE

Iʳᵉ dynastie

IIᵉ dynastie

— 2628

ANCIEN EMPIRE

de la IIIᵉ à la VIIIᵉ dynastie

Djoser
Snéfrou
Khéops
Khéphren
Mykérinos
Pépi II

— 2134

1ʳᵉ PÉRIODE INTERMÉDIAIRE
de la IXᵉ à la XIᵉ dynastie

— 2040

MOYEN EMPIRE

de la XIᵉ à la XIIIᵉ dynastie

Mentouhotep Nebhepetrê
Sésostris Iᵉʳ
Amménémès III

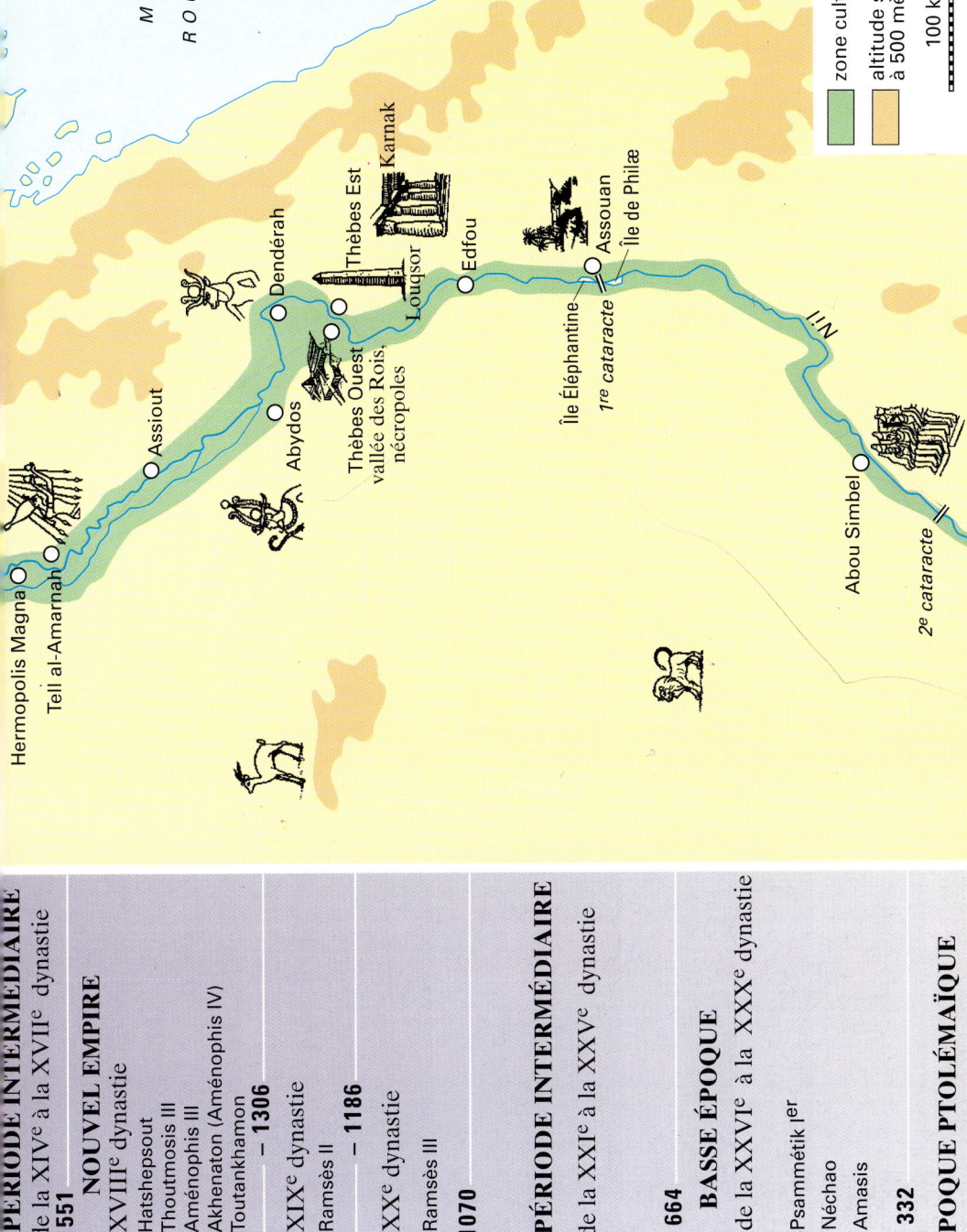

MER ROUGE

zone cultivée

altitude supérieure à 500 mètres

100 km

NIL

Hermopolis Magna
Tell al-Amarnah
Assiout
Abydos
Dendérah
Thèbes Ouest, vallée des Rois, nécropoles
Thèbes Est
Karnak
Louqsor
Edfou
Île Éléphantine
1re cataracte
Assouan
Île de Philæ
Abou Simbel
2e cataracte

2e PÉRIODE INTERMÉDIAIRE de la XIVe à la XVIIe dynastie
– 1551

NOUVEL EMPIRE
XVIIIe dynastie
Hatshepsout
Thoutmosis III
Aménophis III
Akhenaton (Aménophis IV)
Toutankhamon
– 1306

XIXe dynastie
Ramsès II
– 1186

XXe dynastie
Ramsès III
– 1070

3e PÉRIODE INTERMÉDIAIRE de la XXIe à la XXVe dynastie

– 664

BASSE ÉPOQUE
de la XXVIe à la XXXe dynastie

Psammétik Ier
Néchao
Amasis
– 332

ÉPOQUE PTOLÉMAÏQUE

LE PAYS ET SES HABITANTS

Un curieux pays

Les « deux pays »

L'Égypte est l'un des plus vieux États du monde : elle existe, à peu près dans les mêmes frontières, depuis plus de 5 000 ans.

Dans ce pays tout en longueur, on distingue une vallée étroite, la Haute-Égypte, et une plaine alluviale plus large, la Basse-Égypte.

La Haute-Égypte elle-même se compose de deux parties : d'Assouan*, où le Nil franchit un amoncellement de rochers appelé cataracte*, jusqu'à Assiout*, la vallée se faufile entre deux falaises qui marquent, à l'est, le début du désert arabique, à

**UNION
DES DEUX PAYS**
Seth, à gauche, à tête d'animal fabuleux, et Horus, à droite, à tête de faucon, nouent la plante de la Haute-Égypte (le jonc) et celle de la Basse-Égypte (le papyrus) autour du hiéroglyphe signifiant « union » (voir p. 86).

8

**LE PAYS
ET SES HABITANTS**

* Les mots suivis d'un astérisque renvoient au lexique.

l'ouest, celui du désert libyque. Puis, d'Assiout à Memphis*, la vallée s'élargit ; un bras du Nil se détache alors du cours principal, à l'ouest de celui-ci, puis coule parallèlement à lui avant de se jeter dans un lac d'eau salée, le Fayoum. À partir de Memphis commence la Basse-Égypte, où le Nil se ramifie en plusieurs bras qui se jettent tous dans la Méditerranée, en formant un delta (ce nom vient d'une lettre grecque en forme de triangle). Le littoral se double d'une succession de lacs marécageux.

LE GEBEL*
ET LES TERRES
CULTIVÉES

Au premier plan, les hauteurs désertiques traversées par le lit d'un ancien torrent. Elles s'abaissent brusquement pour constituer la frange étroite et inculte de la vallée. À cette frange succède la partie cultivée.

9

LE PAYS
ET SES HABITANTS

LE PAYS
ET SES HABITANTS

Alors qu'à l'ouest
la vallée s'étend sur plus
de 30 km de large,
à l'est, le fleuve passe
presque au pied
du gebel* ; entre le Nil
et la partie désertique,
sur laquelle est bâti
un monastère moderne,
il n'y a place que
pour une mince bande
de terre cultivable.

Un Nil domestiqué

En Haute-Égypte, le fleuve est bordé d'une bande de terre cultivable, puis d'une zone désertique qui vient buter sur le ressaut d'une falaise, le gebel*. La Basse-Égypte est une vaste plaine que sillonnent les bras du Nil. Lorsque l'inondation la submergeait tout entière, chaque année de juillet à décembre, les villages seuls restaient au-dessus du niveau des eaux. Un changement décisif est toutefois survenu ; la crue annuelle du Nil ne se fait plus sentir depuis la construction du haut barrage d'Assouan*, en service depuis 1960. En outre, ont disparu les marais où croissaient jadis, en fourrés épais, les papyrus, et où pullulaient les crocodiles et les hippopotames.

Des petits dessins qui racontent une grande histoire

Considérons une inscription hiéroglyphique : qu'y voyons-nous ? Un fourmillement de dessins représentant des êtres humains, des animaux et des objets.

La connaissance de l'écriture hiéroglyphique se perdit à la fin de l'Antiquité. Par la suite, beaucoup tentèrent d'en retrouver la signification. Ce n'est qu'au début du XIXe siècle que Champollion réussit à la déchiffrer, grâce à une pierre découverte à Rosette*, où un même texte était écrit en égyptien et en grec ; grâce surtout à son génie !

11

INSCRIPTION HIÉROGLYPHIQUE
L'inscription donne les titres du chancelier du dieu et fils du roi Mérib, et de son épouse.

LE PAYS
ET SES HABITANTS

OSTRACON* HIÉRATIQUE

Un ostracon est un éclat de calcaire ou un tesson de poterie utilisé comme support d'écriture pour les brouillons ou les documents provisoires. En raison de son coût, le papyrus est réservé aux ouvrages précieux ou définitifs.

Le hiératique* est une manière rapide et simplifiée d'écrire les hiéroglyphes, un peu comme notre écriture courante par rapport aux caractères d'imprimerie

Le mystère des hiéroglyphes, c'est que ces dessins constituent une véritable écriture. Ce n'est pas une écriture alphabétique comme la nôtre, où une lettre symbolise un son, mais un système compliqué dans lequel on trouve plusieurs sortes de signes.

Certains signes signifient exactement ce qu'ils représentent : ainsi un dessin d'oiseau veut dire « oiseau » ; on les appelle idéogrammes*. D'autres signes sont utilisés pour la valeur phonétique de ce qu'ils représentent, selon le principe des rébus (par exemple, en français, le dessin d'un tas pour écrire la syllabe *ta*). Ils sont appelés phonogrammes* : ils valent pour une, deux ou trois consonnes, l'écriture égyptienne n'écrivant jamais les voyelles. Enfin, les signes appelés déterminatifs* ne se prononcent pas, mais indiquent dans quelle catégorie se range le mot à la fin duquel ils sont placés : ainsi, le papyrus scellé détermine les mots abstraits.

Le système hiéroglyphique est la combinaison de ces trois catégories de signes. On voir page 13 un exemple du fonctionnement de ce système : la phrase expliquée figure dans certains tombeaux ; elle met en garde celui qui voudrait y causer quelque dommage : « Quant à tous les hommes qui feront quelque chose de mauvais, je saisirai leur cou comme [celui d'] un oiseau. »

LE PAYS
ET SES HABITANTS

	Deux phonogrammes : le roseau = **J**, la bouche = **R** pour écrire **JeR**, « quant à ».
	R + **TCH** (entrave), première et dernière consonnes du mot **ReMeTCH**, « hommes » ; l'homme et la femme assis forment l'idéogramme de ce mot ; les trois traits constituent un déterminatif indiquant qu'il s'agit d'un groupe.
	Phonogramme **N** + **B** (corbeille) pour écrire **NeB**, « tous ».
	Phonogrammes : l'œil = **J** + **R**, le pain semi-circulaire = **T**, le fil = **S**, l'eau = **N**, pour écrire le participe futur **JeR.T.SeN**, « qui feront ».
	Deux phonogrammes : **KH** (le crible) + **T** pour écrire **KHeT**, « quelque chose » ; le papyrus scellé détermine les mots abstraits.
	Phonogramme : la montagne, **DJ** + **W** pour écrire **DJeW**, « mauvais ».
	Phonogrammes : **J** + **W** (le poussin) + **R**, pour écrire **JeW.eR**, marque de la première personne du futur.
	Phonogrammes : **J** + **TCH** et **T** pour écrire **JeTCHeT**, « saisir ».
	Nœud = phonogramme pour **TCH** + **S**, suivi du cou d'un oiseau, idéogramme pour **TCHeS**, « cou ».
	Deux phonogrammes **S** et **N**, écrivant **SeN**, adjectif possessif « leur ».
	Jarre à lait, phonogramme **M** + **J**, écrivant **MeJ**, « comme ».
	Oiseau, idéogramme pour **'aPeD**, « oiseau ».

LE PAYS
ET SES HABITANTS

Des représentations déroutantes

Si l'art égyptien nous semble à ce point étrange, c'est qu'il repose sur des conventions fort différentes des nôtres. Les Égyptiens savaient aussi bien dessiner que nous ; simplement, ils suivaient d'autres principes quand ils avaient à représenter quelque chose. En voici deux exemples significatifs.

DISPROPORTION
Cette scène représente un vizir au côté de son fils aîné. Le visage est dessiné de profil, mais l'œil de face ! Les épaules, elles aussi, sont vues de face, mais le reste du corps, bassin et jambes, est de nouveau dessiné de profil, sauf le nombril qui est de face. Voilà les conventions les plus connues de l'art égyptien. D'autres particularités apparaissent : le vizir a deux pieds gauches et son fils deux mains gauches. Mais surtout, la disproportion entre les deux personnages frappe : la taille du père est environ trois fois et demie celle du fils, ce qui ne correspond évidemment pas à la réalité ! En effet, dans le dessin égyptien, les proportions des personnages dépendent moins de leurs dimensions réelles que de leur rapport hiérarchique.

14

LE PAYS
ET SES HABITANTS

De l'analyse de ces deux exemples, une conclusion s'impose. L'art égyptien n'est pas « réaliste », au sens où il ne cherche pas à reproduire les éléments du monde comme ils apparaissent à un observateur particulier, placé en un endroit précis. Il préfère les donner à voir sous l'angle le plus caractéristique, et en suggérant par leurs proportions leur place dans la hiérarchie des choses et des êtres. Autrement dit, l'art égyptien « recompose » le monde.

PAS DE PERSPECTIVE

Cette scène, peinte sur la paroi d'une tombe, représente deux serviteurs puisant dans un bassin. Remarquons :

• La stylisation de l'ondulation de l'eau, symbolisée par des lignes brisées.

• Les proportions dépendent de l'intérêt de ce qui est représenté, et non de la taille réelle. Les serviteurs figurent à bien plus grande échelle que le bassin ou les arbres, qui leur arrivent aux genoux !
Dans des proportions réelles, soit les serviteurs eussent été minuscules par rapport à l'ensemble (voir dessin ci-contre), soit la représentation eût occupé une paroi entière.

• L'absence de perspective. Le bassin, horizontal, est dessiné comme s'il était dressé verticalement sur un côté. Inversement, les arbres, verticaux, sont représentés comme s'ils étaient couchés sur le sol. Surtout, ils ont tous la même taille, qu'ils soient au premier plan ou à l'arrière-plan. Dans le dessin égyptien, des objets identiques ont toujours les mêmes dimensions, quel que soit leur éloignement relatif par rapport à l'observateur.

15

LE PAYS
ET SES HABITANTS

En famille

PARENTS ET ENFANTS
Ipouy et son épouse,
assis à gauche, reçoivent
l'hommage de leur fils
et de leur fille.
Le fils présente une jarre
d'eau décorée de motifs
peints et bouchée par
un bouquet de plantes.
La fille apporte elle aussi
une jarre, un bouquet,
une guirlande
et un diadème déroulé.

Une famille semblable à la nôtre

Avant tout, débarrassons-nous d'idées reçues.
Certes, le pharaon possède plusieurs épouses, mais,
s'il lui arrive de se marier à sa sœur, il n'est pas
prouvé qu'il se marie à sa fille. Quant à ses sujets, ils
n'ont, le plus souvent, qu'une seule femme et ne
pratiquent guère le mariage entre parents plus
proches que cousin et cousine.

En fait, la famille de l'Égypte pharaonique ressemble beaucoup à nos familles européennes. Elle se compose du mari et de sa femme, auxquels s'ajoutent les enfants, éventuellement les frères et sœurs célibataires.

La femme bénéficie de droits surprenants dans les sociétés du Proche-Orient. Juridiquement l'égale du mari, elle porte le titre de « maîtresse de maison » (se marier se dit en égyptien « fonder une maison »). La loi la protège assez bien en cas de divorce. Il est probable qu'elle choisissait librement

SINGE ET NAIN
Les Égyptiens s'entouraient d'êtres familiers. Outre le chat, ils appréciaient les chiens, les singes, et les nains, comme le montre ce détail d'un bas-relief ornant un mastaba* à Saqqarah.

17

LE PAYS
ET SES HABITANTS

Les maris redoutaient parfois la fureur de leurs épouses, même après la mort de celles-ci. Les Égyptiens, effectivement, croyaient que les morts pouvaient persécuter les vivants. Nous avons une lettre où un veuf éploré fait valoir à sa défunte femme qu'il s'est toujours bien conduit avec elle de son vivant, et que, même après sa mort, il préfère rester célibataire pour ne pas l'oublier.

son époux, ou, à tout le moins, qu'elle avait son mot à dire. Ses goûts paraissent bien modernes, à en juger par cette prière d'une jeune fille à la déesse Hathor : « Fais-moi cadeau d'un dignitaire très puissant dans sa ville, de belle apparence, possesseur de richesses, au poste important ; fais-moi la faveur d'être aimée de lui. » Une fois mariée, la femme s'adresse de nouveau aux dieux pour avoir des enfants, car les Égyptiens aimaient s'entourer d'une nombreuse progéniture, tout homme souhaitant particulièrement un fils qui puisse lui succéder.

Des noms évocateurs

C'est dire que le nouveau-né est choyé. Le premier soin des parents est de lui donner un nom. Comme il n'y a pas de nom de famille, on se fie à l'inspiration du moment. Souvent, on choisit un nom évoquant une divinité : ainsi, Amenhotep signifie « Amon est satisfait », Ramsès, « c'est Rê qui lui a donné naissance ». Parfois, le nom ne manque pas de pittoresque : Taqereret, « la grenouille » ; Tchefenet, « la cruche ».

La mère porte le nouveau-né dans un sac suspendu à son cou, et l'élève patiemment. Ensuite, pourvu que la famille soit riche, s'il s'agit d'un garçon, il ira à l'école, souffrir avec d'autres élèves sur les hiéroglyphes. La fille apprendra à tenir une maison auprès de sa mère, et déambulera, toute parée, dans son jardin, en attendant qu'un jeune homme la remarque.

18

LE PAYS
ET SES HABITANTS

Villes et villages

Les villes, assez nombreuses, sont construites à proximité du Nil, d'un de ses bras, ou d'un canal. Leur enceinte, parfois fortifiée, enferme les temples (en pierres), les bâtiments administratifs et les habitations, construites en briques crues. La nécropole est située hors des murs, dans le gebel*, quand

VILLAGE DE DEIR EL-MEDINEH*
Là vivaient les artisans qui décoraient les tombes de la vallée des Rois*. Le village était clos par une enceinte. Les murs, en briques crues, ont disparu ; il ne reste que les fondations en pierre.

LE PAYS ET SES HABITANTS

20

LE PAYS
ET SES HABITANTS

La maison d'un notable

La demeure d'un notable comporte un ou deux étages ; elle s'ouvre sur une véranda à colonnes précédant la salle de réception ; les appartements privés se trouvent au fond et aux étages ; la cuisine et les garde-manger sont installés dans le sous-sol, dans des dépendances et des annexes.

La demeure est entourée d'un jardin clos par un mur et planté d'arbres, de plantes, de vignes en treille ; un bassin artificiel, près duquel se dresse parfois un petit kiosque, l'agrémente. Là, une exquise fraîcheur incite à la détente.

c'est possible. Les villes de création artificielle, par exemple une capitale nouvelle fondée en un lieu jusqu'alors inhabité, révèlent un certain souci d'urbanisme : division géométrique en différents quartiers, grâce à des rues rectilignes et pourvues d'une rigole d'évacuation des eaux sales, répartition calculée des points d'eau, maisons construites selon les mêmes plans.

En revanche, les agglomérations spontanées se développent sans plan précis. Quand l'espace aménageable est limité, on construit sans cesse sur les ruines de l'époque précédente : ainsi Saïs*, l'actuelle Sa al-Hagar, demeure sur le même site depuis 5 000 ans !

La ville construite par le pharaon Akhenaton sur le site actuel de Tell al-Amarnah s'étendait sur 7 km de long et plus d'1 km de large. Le palais du roi et le grand temple se trouvaient au centre, tandis que les habitations étaient réparties de part et d'autre. Les maisons des notables se dressaient à l'intérieur d'une enceinte de briques ne mesurant pas moins de 70 m sur 75 m.

La vie au foyer

Bien entendu, la maison varie suivant les classes sociales. Celle des gens du peuple, très rudimentaire, occupe jusqu'à cinquante fois moins d'espace que la demeure d'un notable (voir page ci-contre).

CHAISE
Le dossier est décoré d'incrustations en ivoire, en particulier des fleurs de lotus. Les pieds ont la forme de pattes de lion reposant sur des cales cylindriques.

LE PAYS
ET SES HABITANTS

Le mobilier est simple : le lit, avec un chevet* en guise d'oreiller. Les sièges offrent une grande variété : pliant, tabouret, chaise, fauteuil à accoudoirs. Pas de table commune, mais de petites sellettes individuelles ; pas d'armoires, mais des coffres. Lampes à huile et brasero assurent un confort rudimentaire. Mais en Égypte, où le soleil brille tout le temps, a-t-on envie de se terrer au fond du logis ?

LAMPE À HUILE
C'est une simple écuelle
de terre cuite
dans laquelle on place
une mèche de tissu,
baignant dans l'huile.
La lampe est allumée,
à l'aide d'un charbon
ardent, puis posée
sur un support élevé,
afin que l'on profite
au mieux de la lumière
qu'elle diffuse.
Bien sûr, il faut beaucoup
de lampes pour que
l'éclairage soit suffisant,
et une huile dont
la combustion ne dégage
pas une fumée
trop épaisse.

22

COFFRE
Ce coffre cylindrique
en bois est décoré
d'un damier.
On y rangeait sans doute
des vêtements.

LE PAYS
ET SES HABITANTS

De solides appétits

Les bas-reliefs et les peintures murales présentent des amoncellements de victuailles, de gigantesques boucheries où sont dépecés des bœufs bien gras, d'interminables menus proposés au bienheureux défunt. Pourtant, par ailleurs, les textes crient la famine durant les années de mauvaise crue, et « donner du pain à l'affamé » est l'obligation morale la plus souvent citée.

C'est dire que le goût pour la bonne chère ne doit pas faire oublier que la malnutrition a frappé aussi l'Égypte ancienne.

UNE RÉCEPTION
Les hommes et les femmes sont séparés de part et d'autre. Les élégantes s'assoient sur des chaises luxueuses. Aussitôt, de jeunes servantes s'empressent autour d'elles, leur plaçant sur la tête des cônes de pommade parfumée puisée dans une large coupe (à gauche), ou leur servant du vin (à droite). Sous un siège, un bassinet pour l'invitée malade.

23

LE PAYS
ET SES HABITANTS

La base de la nourriture

Le pain et la bière sont la base de la nourriture. De fait, boulangeries et brasseries sont étroitement associées ; dans le fournil chauffent des moules de formes variées, remplis de pâte. Voilà les pains pour la consommation, mais aussi ceux qui, à peine cuits, seront mis à fermenter dans de l'eau parfumée de dattes, pour obtenir de la bière. L'ordinaire est amélioré grâce aux légumes et aux fruits, aux pâtisseries, au miel. Les poissons et les volailles forment la partie substantielle du repas.

Quant à la viande de boucherie, sa consommation n'est pas régulière ; car comment, dans un pays chaud, en assurer l'approvisionnement quotidien ? Aussi la réserve-t-on pour les fêtes, à l'occasion desquelles on abat des bœufs, dont la cuisse est particulièrement appréciée. Le vin égaye les bons repas et les bons moments de la vie en général. Certains dévots se groupaient en association pour boire à la santé de leur divinité préférée. Un pharaon, nommé Amasis, a marqué davantage son règne par ses beuveries que par ses succès militaires !

24

Un conte rapporte qu'un bourgeois, nommé Djédi, consommait encore, à 110 ans, cinq cents pains, une moitié de bœuf, et cent cruches de bière. Mais le bonhomme était un personnage d'exception. En fait, dix pains et deux jarres de bière par jour constituent déjà une ration convenable. Si on n'en peut venir totalement à bout, on échange l'excédent contre d'autres denrées.

Les repas

On fait sans doute trois repas par jour. On mange assis sur un siège ; ni couteau ni fourchette ; on pioche dans les mets entassés sur une sellette, et on se remplit la panse. Même le roi tient à la main la volaille qu'il dévore.

Heureusement, une aiguière est là pour les ablutions ! Lors des grandes réceptions, des servantes nues couvrent de fleurs les invités et leur posent sur la tête des cônes de pommade parfumée, qui fondent bientôt à la chaleur ambiante, dans un ruissellement jugé délicieux.

La chère abonde et nul n'hésite à s'en gaver : une soubrette veille, prête à recueillir dans un bassinet l'excédent de celui ou de celle qui aurait eu les yeux plus gros que le ventre !

SERVITEUR PÉTRISSANT LA PÂTE
Agenouillé devant sa planchette, il se livre à cette tâche fastidieuse en pensant à l'agrément qu'en tirera son maître. Cette statuette était placée dans la tombe du mort ; elle mettait à sa disposition, dans l'au-delà, le serviteur qu'il avait eu de son vivant.

LE PAYS
ET SES HABITANTS

La mode

Vêtus de lin blanc…

Le pagne est le principal habit masculin ; on connaît le pagne lisse, plissé, croisé devant, les extrémités passées dans la ceinture, ou encore à devanteau triangulaire, le pagne bouffant, le pagne double, le pagne long qui descend sous les genoux comme une jupe…

À l'occasion, l'homme revêt un habit plus élaboré, par exemple un ample manteau couvrant les épaules et ramené en avant sur la poitrine.

Les femmes portent une robe très collante, descendant jusqu'aux chevilles et s'arrêtant à la poitrine, et que maintiennent une ou deux bretelles. Au Nouvel Empire, elles préfèrent une robe très ample et plissée, pourvue de manches, sur laquelle elles jettent un court manteau qui couvre leurs épaules. Masculin ou féminin, le vêtement est tissé en lin blanc, si fin qu'il en est presque transparent.

PALETTE À FARD
Sur cette palette
de schiste, en forme
de canard, on broyait
les produits utilisés
pour se farder,
la malachite verte
et la galène noire.
L'objet est très ancien.
Plus tard, on utilisait
des produits déjà broyés
et conservés dans
de petits sacs.

26

COSTUMES DE FÊTE
Neferhotep et sa femme
Meryt font une offrande.
Ils ont revêtu leurs plus
beaux atours.
Lui porte une jupe sur
laquelle il a noué un pagne
bouffant ; sur ses épaules,
il a jeté un mantelet
qui laisse les avant-bras
dégagés.
Elle, coiffée d'une
perruque raffinée et ceinte
d'un diadème, a enroulé
une longue robe
artistement nouée sous
la poitrine de manière à
laisser apparaître un sein ;
elle agite un sistre* avec
un bras dont deux bracelets
accentuent le galbe.

LE PAYS
ET SES HABITANTS

Plus méthodique que les voleurs qui l'avaient précédé, l'archéologue Brunton découvrit, dans la tombe de la princesse Sat-Hathor-Iounet, une cache où l'on avait déposé ses objets de toilette et ses bijoux. Butin : une couronne, deux pectoraux, deux colliers, deux ceintures, beaucoup de bracelets, d'anneaux de chevilles et de bagues ; le tout en or, pierres précieuses et coquillages.

Déjà des perruques !

On n'apprécie guère cheveux et barbes hirsutes. Les hommes se rasent, quitte à arborer, quand il faut être « chic », une courte barbe postiche. Celle du roi est vénérée comme un objet sacré et un dignitaire est spécialisé dans son entretien. Les cheveux aussi sont coupés courts. Les gens du peuple se recouvrent la tête d'une calotte qui l'enserre étroitement. Les riches, hommes et femmes, portent des perruques. On en distingue deux catégories principales : la perruque courte, arrondie, et s'arrêtant à la nuque ; la perruque longue, beaucoup plus fournie, qui tombe sur les épaules. Certaines sont artistement travaillées, et comprennent une partie constituée de mèches longues et plates, et une autre de petites boucles. Les dames portent les cheveux longs, retombant de part et d'autre des épaules.

La coquetterie pour tous

Les hommes comme les femmes ne portent des sandales que dans les grandes occasions ou les déplacements ; à l'ordinaire, ils marchent pieds nus. On aime se frotter d'huiles parfumées, et se farder les yeux avec du kohl broyé sur une palette ; cette coutume procède autant de l'élégance que de l'hygiène, dans un pays où la poussière provoque plus d'une maladie des yeux. Hommes et femmes arborent colliers, pectoraux, pendentifs, bracelets, bagues, boucles d'oreilles. Tous recourent à la parure ou au maquillage pour mettre leur beauté en valeur.

Un peuple qui n'aimait pas s'ennuyer

Les prêtres impassibles, les statues solennelles, les monuments majestueux feraient croire que les anciens Égyptiens ne vivaient que dans la méditation et dans la contemplation. Nullement. Gais et aimant la vie, ils savaient comment chasser la morosité. Ne parlons pas des tavernes que les étudiants fréquentaient plus assidûment que l'école, à en croire un vieux scribe grincheux. Il y avait d'autres façons de se distraire. Les jeunes garçons jouaient au « chevreau », une sorte de jeu de saute-mouton : l'un d'eux sautait au-dessus de deux de ses camarades assis face à face, et qui essayaient de

MUSICIENNES ET DANSEUSES
Une musicienne accroupie joue du double hautbois, tandis que ses trois compagnes marquent le rythme en battant des mains. Sur cette musique, deux danseuses nues exécutent des figures. Cette scène, déjà remarquable par sa qualité artistique, comporte une particularité exceptionnelle : les deux musiciennes, au centre, sont vues de face.

29

LE PAYS
ET SES HABITANTS

Les pharaons eux aussi aimaient se distraire. Certains écoutaient inlassablement les histoires merveilleuses du temps passé, ou se faisaient lire les suppliques d'un plaideur à l'éloquence charmeuse. Snéfrou, pharaon de la IVe dynastie, préférait des distractions moins littéraires. Suivant la suggestion d'un de ses sujets, il passa une journée à contempler les ébats nautiques de vingt belles jeunes filles placées, pour la circonstance, au banc de nage d'une grande barque.

lui attraper les jambes au passage. Leurs aînés préféraient la lutte à mains nues où ils démontraient à la fois leur force et leur science des prises efficaces. Ou encore, les jeunes soldats, devant des spectateurs admiratifs, se livraient un duel au bâton, leur bras gauche protégé par un brassard de cuir. Les mariniers, quatre par bateaux, joutaient avec de longues perches en essayant de faire basculer leurs adversaires dans l'eau.

Jeux de société

Toutes les distractions n'étaient pas aussi violentes. On savait occuper les soirées en s'amusant paisiblement. On jouait, par exemple, au « serpent » : le jeu représente un serpent enroulé sur lui-même ; chaque adversaire dispose d'un pion d'ivoire en forme de lion, et de boules qu'il doit faire progresser autour

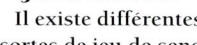

JEU DE SENET*
Il existe différentes sortes de jeu de senet ; celui-ci comporte vingt cases quand d'autres en ont trente. Les règles de ce jeu étaient probablement analogues à celles du jacquet ou des échecs.

LE PAYS
ET SES HABITANTS

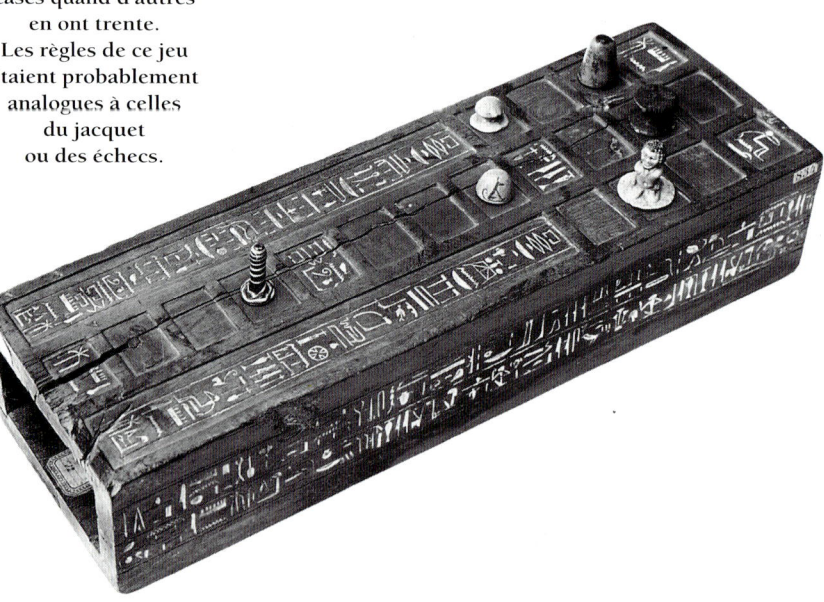

des anneaux du serpent, à la façon de notre jeu de l'oie. On connaissait surtout le jeu de senet* qui se pratiquait sur un damier à vingt ou trente cases, et auquel s'adonnaient le riche Égyptien et son épouse, le soir, au bord du bassin de leur jardin.

Au cours des réunions mondaines, de jolies danseuses venaient égayer l'assistance de leurs mouvements gracieux. L'orchestre qui les accompagnait comprenait harpe, luth, double flûte, tambourins et sistres*, des espèces de crécelles très utilisées, par ailleurs, dans le culte des déesses. La trompette, trop stridente, reste un instrument militaire.

JOUTE DE SOLDATS
En haut, combat « à la canne » ; le combattant de droite, en se fendant, a touché l'épaule de son adversaire.
En bas, lutte. Un combat vient de se terminer ; tandis que le perdant mord la poussière, le vainqueur triomphe sans modestie.
Deux autres lutteurs sont aux prises : l'un porte une clef au poignet droit de son adversaire qui tente de le faire se plier.

31

LE PAYS
ET SES HABITANTS

LES RICHESSES DE L'ÉGYPTE

La terre
nourricière

Les animaux
domestiques

Les animaux
sauvages

L'eau, ce don
des dieux

Le travail
des hommes

La terre nourricière

34

CUEILLETTE DU RAISIN

La vigne n'est pas cultivée sur pied, mais sur treille. Certaines régions étaient particulièrement réputées pour leurs vignobles : ainsi, le sud-est du delta, le long d'une ancienne branche du Nil, et l'ouest du delta, où encore de nos jours s'étendent de grands domaines viticoles ; et aussi les oasis du désert occidental.

Ici, deux serviteurs détachent soigneusement les lourdes grappes qu'ils transportent dans un petit panier, ou à la main, en les tenant délicatement pour ne pas écraser les grains.

LES RICHESSES
DE L'ÉGYPTE

35

FOULAGE DU RAISIN

Le raisin est entassé dans une grande cuve de pierre ; deux colonnettes en forme de papyrus supportent une poutre garnie de guirlandes ; les vignerons se tiennent à des cordes suspendues à la poutre pour garder leur équilibre. Le jus s'écoule dans un baquet par un orifice ménagé sur un côté de la cuve ; il est ensuite recueilli dans des jarres à oreilles, bouchées au plâtre et estampillées. Très experts en vins, les Égyptiens étiquetaient soigneusement ces jarres, en notant l'année, l'origine, le cépage, la qualité et le nom du vigneron responsable.

LES RICHESSES
DE L'ÉGYPTE

Deux serviteurs
s'affairent autour
d'un figuier surchargé
de fruits mûrs,
et entassent les figues
dans de grandes
corbeilles. Qu'ils ne
traînent pas ! Trois
singes leur font une
concurrence déloyale,
car eux peuvent grimper
aux branches sans
risquer de les rompre.

LABOURAGE
Deux vaches sont
réunies par un joug
attaché à leurs cornes
et reposant sur leur
nuque (ce que les
conventions du dessin
égyptien masquent ici).
Sur ce joug s'appuie
le timon, dont l'autre
extrémité est liée
au cep de la charrue.
Le paysan en tient
un des manchons,
brandissant un fouet
dans sa main libre.
Comme la terre, encore
imprégnée d'eau, est
meuble, il n'a pas besoin
de s'arc-bouter
pour enfoncer le soc.
Un jeune garçon
puise dans son sac
les semences qu'il
répand. On fera
repasser la charrue
pour les enfoncer.

Vertes campagnes…

Chaque année, durant les quatre mois de crue estivale, le Nil déborde de son lit et se répand sur les basses terres de la vallée en charriant un limon noir et fertile. Pourvu qu'on répartisse les eaux et qu'on les retienne par des digues de terre, la campagne, à peine la décrue terminée, est recouverte d'une croûte de terre.

Alors, les paysans sèment et enfoncent les grains en passant la charrue dans la terre encore meuble. Au besoin, un troupeau de moutons ou de porcs achèvera le travail par ses piétinements. Il n'y a plus

LES RICHESSES
DE L'ÉGYPTE

qu'à attendre une récolte abondante. Céréales (blé et orge) et lin poussent aisément sous le chaud soleil. Bien sûr, l'inondation ne recouvre pas tout le terroir. Les terres hautes doivent être irriguées artificiellement par des canaux, ou en puisant dans les mares. On fait monter l'eau à l'aide d'un appareil rudimentaire, mais efficace, encore utilisé de nos jours sous le nom de shadouf*. Là, on pratique les cultures maraîchères, oignons, laitues, lentilles, fèves, pois chiches.

Dans les jardins, on entretient des fleurs et des arbres fruitiers : grenadiers, figuiers, palmiers, dattiers et aussi la vigne.

LA MOISSON
Les épis sont coupés
assez haut sur les tiges,
puis entassés
dans des filets renforcés
par des arceaux de bois.
On suspend ensuite
ces filets à un brancard
qui repose
sur les épaules
de deux porteurs.
Derrière eux,
deux glaneuses
se crêpent le chignon !

37

**LES RICHESSES
DE L'ÉGYPTE**

Les Égyptiens distinguaient plusieurs catégories de terres cultivables : les terres hautes, que l'inondation n'atteignait pas et qu'il fallait irriguer ; les terres basses, les terres neuves, gagnées à la faveur d'un déplacement du cours du Nil ; les terres fraîches et, au contraire, les terres fatiguées ; les terres broussailleuses qu'il fallait défricher ; les terres étirées en longueur le long d'une berge ; etc.

Un dur travail

Somme toute, la vie paraît douce à la campagne. Pourtant, nombre de textes raillent la dureté de la condition paysanne : « N'as-tu donc pas à l'esprit la condition du paysan qui doit faire face à l'établissement de l'impôt sur ses terres, quand le serpent a emporté une moitié de la récolte, et l'hippopotame le reste ? Les souris abondent ; un vol de sauterelles s'abat ; les moineaux causent des dommages. Voici qu'un scribe débarque avec ses appariteurs portant le bâton. Ils disent : "donne le blé" ; mais il n'y en a pas. Alors ils battent le paysan furieusement. »

Un tel tableau est poussé au noir ; ce texte a été écrit par un scribe, et les scribes, toujours très conscients de leur supériorité, dénigrent ceux qui ne font pas partie de leur caste. En fait, le sort du

UN SHADOUF*
Sur un pilier de terre séchée s'appuie une longue perche terminée, à une extrémité, par un contrepoids. À l'autre extrémité est suspendu un récipient au bout d'une longue corde. Le jardinier pèse sur la corde pour faire basculer la perche vers l'eau et remplir le récipient. Il la tire vers le haut pour obtenir un basculement en sens inverse. Grâce au contrepoids, le récipient plein d'eau remonte sans effort. Cet engin est encore très répandu dans l'Égypte moderne.

38

**DÉPIQUAGE
ET VANNAGE DU BLÉ**
En haut, deux paysans
remuent avec une
fourche les épis entassés
sur l'aire afin de les jeter
sous les pieds des
vaches. Ainsi piétinés,
les grains se séparent
de la paille.
En bas, les paysans
jettent en l'air le grain
à l'aide d'écuelles;
le vent entraîne la balle,
plus légère,
tandis que le grain
retombe sur le sol.

paysan dépend des conditions dans lesquelles il travaille : plaignons le travailleur agricole employé dans un grand domaine de l'État, mais ne nous inquiétons pas trop du fermier qui entretient ses champs avec amour.

UNE HOUE
La houe est une sorte
de pioche avec laquelle
on creuse les canaux
et l'on bâtit les digues.
Une corde, fixée au
milieu, permet de régler
la distance entre
le manche et la palette.

LES RICHESSES
DE L'ÉGYPTE

Les animaux domestiques

Des animaux que nous connaissons

Les Égyptiens tâtonnèrent quelque peu dans le choix des animaux d'élevage. Au début, ils firent de longues expériences avec les gazelles, les bubales*, et même les hyènes, que l'on gavait comme des oies ! Le résultat ne dut pas être fort convaincant puisqu'ils finirent par se limiter à des espèces moins étonnantes.

Les bovins, évidemment, tiennent la première place. On en distingue plusieurs variétés : de lourds et gras animaux, aux cornes en forme de lyre, plus spécialement destinés à la boucherie ; d'autres plus élancés, utilisés souvent comme bêtes de trait ;

GAVAGE D'UNE HYÈNE
Tandis qu'un homme tient les pattes antérieures de l'animal, un autre, accroupi, lui enfourne dans la gueule une boulette de viande en veillant à ne pas y laisser un doigt.

LES RICHESSES DE L'ÉGYPTE

d'autres, enfin, avec une bosse sur le dos, importé de Syrie. L'élevage est fait avec sérieux et compétence. On sait sélectionner les taureaux en les incitant à se battre afin de déterminer le meilleur, engraisser les veaux, marquer le bétail au fer rouge, et même modifier la forme des cornes de manière que l'une pointe vers le ciel et l'autre se courbe vers le sol. Les marais servent de pâture ; le bouvier, hirsute et presque nu, son baluchon attaché à un bâton, y séjourne, à la saison, avec son troupeau. Bien sûr, chèvres et moutons ne sont pas oubliés, mais ils exigent moins de soins que les bovins. Quant au porc, la religion lui fait mauvaise réputation ; on se résigne à l'élever presque à contrecœur.

Mais ni poules ni chameaux

Le paysan moderne serait surpris de ne pas trouver de poules dans la basse-cour des pharaons. Mais les anciens Égyptiens pouvaient s'en passer, tant les oies, les canards, les pigeons, les cailles, et même les grues suffisaient à leurs besoins.

L'âne est, par excellence, l'animal à tout faire ; la pauvre bête ploie sous toutes sortes de charges : blé en gerbes pendant les moissons, ustensiles, sacs d'or, outres d'eau, ou Égyptien grassouillet ! Quant au cheval, introduit en Égypte un peu avant le Nouvel Empire, on le réserve pour des tâches plus aristocratiques : il tire le char de guerre, celui des notables ou du pharaon, mais on ne le monte pratiquement jamais.

Enfin, contrairement à ce que l'on pourrait croire, le chameau ou le dromadaire n'ont jamais été utilisés à l'époque pharaonique.

Durant le règne de Ramsès III, qui dura trente et un ans, le cheptel des temples d'Égypte compta 490 386 têtes de bétail, auxquelles il faut en ajouter 1 941, qui proviennent des impositions annuelles, et 20 602 données par le pharaon lui-même.

41

LES RICHESSES
DE L'ÉGYPTE

LES RICHESSES
DE L'ÉGYPTE

TRAVERSÉE
D'UNE MARE

À la saison du pâturage,
on sortait les vaches de
l'étable pour les emmener
paître dans les marais.
Souvent, il fallait
traverser les canaux
ou les mares. Les bouviers
embarquaient alors
sur de frêles esquifs
de papyrus, mais
les bêtes ? On attachait
un jeune veau et
on le traînait, meuglant,
dans l'eau ; aussitôt,
sa mère de le suivre et,
bientôt, tout le troupeau.
Mais, tapis sur la rive
ou au fond de l'eau,
les crocodiles
se délectaient déjà
à l'avance de ces proies
si alléchantes.
Alors, les bouviers
n'avaient plus qu'un
espoir : la magie.
Tendant le bras vers l'eau,
l'index pointé vers le
crocodile comme pour en
crever l'œil, ils récitaient
une formule destinée
à rendre la bête aveugle.

Un peuple de chasseurs

À l'époque préhistorique, alors que le climat était beaucoup plus humide, les plateaux libyques et arabiques étaient couverts de steppes où vivaient des populations de chasseurs. Puis les steppes se sont desséchées, les chasseurs les ont abandonnées et, se mêlant aux agriculteurs de la vallée, ont donné naissance à la civilisation pharaonique. Celle-ci, bien sûr, ne repose plus uniquement sur la chasse, mais la tradition ancienne n'a pas complètement disparu. La chasse fournit un appoint de viande et de cuir à l'économie.

**CHASSE
À L'HIPPOPOTAME**
Au plus épais des fourrés, deux chasseurs munis de grands harpons transpercent le cuir épais d'un hippopotame. La bête n'est pas contente et se retourne, menaçante, tandis qu'un crocodile attend son tour avec inquiétude.

43

LES RICHESSES
DE L'ÉGYPTE

La chasse n'était pas toujours aussi facile que le laissent croire les représentations. Un officier du nom d'Amenemheb raconte qu'au cours d'une chasse il sauva le pharaon Thoutmosis III, menacé par un grand éléphant.

Gibier à plumes, gibier à poils

Dans la vallée même, le gibier ne manque pas, en particulier les canards sauvages que les riches, montés sur un frêle esquif de papyrus, s'amusent à abattre de leur bâton de jet dans les marais ; de cette manière, le butin reste maigre. Aussi, quand on le veut plus abondant, on s'y prend autrement : le chasseur dispose deux grands filets de part et d'autre d'une mare où il attire les oiseaux à l'aide d'un appât ; au signal donné, des hommes dissimulés dans les fourrés tirent sur une corde qui rabat les filets sur la mare, et le tour est joué. Lorsqu'il

CHASSE AUX OISEAUX
Armé d'un bâton de jet en forme de serpent, un dignitaire, monté sur une barque de papyrus, massacre les oiseaux sous l'œil admiratif de sa femme et de ses enfants.

44

LES RICHESSES
DE L'ÉGYPTE

s'agit de capturer au lasso les taureaux sauvages de la zone marécageuse du delta, il faut l'adresse et le courage du pharaon ; du moins les récits qu'on a retrouvés le proclament-ils. Autre animal dangereux de la vallée : l'hippopotame. Sa capture procure des émotions fortes. On le transperce avec un harpon, relié à une très longue corde munie de flotteurs ; l'animal, blessé, s'enfuit ; mais les flotteurs dénoncent sa retraite ; il reste à l'achever bien vite, en évitant qu'il ne fasse chavirer la barque de ses poursuivants : un vrai sport !

Safari au désert

Le « désert » est fort peuplé : lièvres, gazelles, antilopes, cerfs, autruches éveillent l'instinct de chasseur des riches Égyptiens. Quelle occasion de montrer son habileté à l'arc ou au lasso ! Celui qui n'a pas grande confiance en son adresse s'en remet à ses chiens, ou a un autre recours : on rabat les animaux vers un grand enclos où il peut les massacrer le plus aisément du monde.

Le pharaon, lui, parcourt le désert sur son char, à la poursuite des lions. Parfois, il ne dédaigne pas de faire un safari en Syrie ou au Soudan pour triompher des éléphants ou des rhinocéros.

45

LES RICHESSES
DE L'ÉGYPTE

L'eau, ce don des dieux

En barque sur le Nil

Dans un pays traversé du sud au nord par le Nil, sillonné de canaux, parsemé de marais et recouvert par l'inondation quatre mois par an, l'eau est à la fois obstacle et moyen de communication. « Faire traverser le fleuve à celui qui n'a pas de bateau » constitue une obligation morale ; se déplacer en barque paraît si naturel que l'on croit que le soleil se déplace de cette manière dans le ciel.

Des bateaux, il y en a de toutes sortes. Pour les marais et les eaux peu profondes, une nacelle faite de tiges de papyrus liées suffit ; on la propulse et on la dirige à l'aide d'une gaffe ; dans certaines, on peut même transporter un veau. Pour naviguer sur le Nil, on utilise des embarcations de bois. Les cargaisons lourdes et volumineuses, par exemple un obélisque*, circulent dans de larges chalands que l'on hâle ou que l'on remorque faute d'y pouvoir placer un gréement ou des rameurs, l'espace étant entièrement occupé par la charge. Sinon, les bateaux sont propulsés à la voile ou à la rame. Le courant facilite la descente du Nil. On le remonte grâce au vent qui souffle généralement du nord au sud. Le Nil, malgré sa crue, se navigue, somme toute, aisément, mais réserve quelques mauvaises surprises, tels les bancs de sable qui changent d'emplacement d'une année sur l'autre. Au sud, les cataractes* dressent un obstacle ; il a fallu creuser un canal pour les contourner. On a aussi aménagé sur terre une glissière à travers laquelle on traînait les bateaux d'un endroit navigable à un autre.

Un conte met en scène un navigateur qui, parti sur la mer Rouge à bord d'un navire de 60 m de long, fut surpris par une tempête et jeté sur une île inconnue. Un génie serpent l'habitait ; il réconforta le naufragé et le traita amicalement. Un jour, un navire passa et recueillit le navigateur, comblé de cadeaux par le serpent. L'île disparut dans les flots après son départ.

LES RICHESSES
DE L'ÉGYPTE

Marins d'eau douce ?
Pas seulement

Forts de ces expériences, les Égyptiens se risquèrent très tôt sur mer. Les ports étaient aménagés, non sur la côte, mais à l'intérieur du delta, sur les bras qui se jettent dans la mer ; déjà sous les pharaons, un canal, ancêtre du canal de Suez, reliait le Nil à la mer Rouge. Une route maritime très utilisée allait d'Égypte à Byblos, comptoir de la côte libanaise où l'on embarquait les précieux sapins qui fournissaient le bois de charpente, et à Chypre. Une autre partait du littoral égyptien de la mer Rouge et menait à Pount, région de la côte soudanaise, où les Égyptiens s'approvisionnaient en produits exotiques : encens, térébinthe, ivoire, ébène, singes… (voir p. 48). Ces routes longeaient les côtes, car on ne s'aventurait pas en pleine mer.

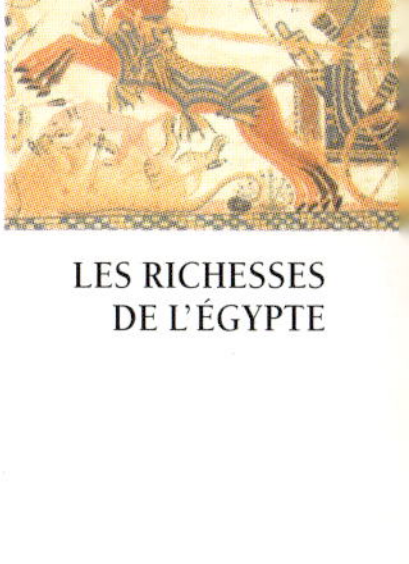

EMBARQUEMENT DU BLÉ
Il ne suffisait pas de faire pousser le blé et de le récolter. Encore fallait-il l'acheminer à destination. Or, cette destination pouvait être lointaine, car les institutions possédaient souvent des domaines situés très loin. D'où l'importance du transport par bateau.

47

LES RICHESSES
DE L'ÉGYPTE

**LES RICHESSES
DE L'ÉGYPTE**

·UNE EXPÉDITION
À POUNT

Les Égyptiens envoyaient
régulièrement de gros
navires de mer charger
les produits exotiques
de Pount, sur la côte
soudanaise.
Pacifiques, les indigènes
leurs réservaient
un bon accueil.

Le poisson, richesse du pauvre

Quoiqu'il existe des divinités poissons – ainsi Hat-
mehyt, déesse-dauphin – les théologiens senten-
cieux interdisent généralement aux Égyptiens la
consommation de ces animaux : c'est une nourriture infâme, l'horreur des dieux, disent-ils. Aussi
les prêtres n'en mangent-ils pas.

Mais le peuple en fait un de ses aliments de base ; dans les rations allouées aux travailleurs de l'État ou des temples, le poisson tient une large place. Ils auraient bien tort de s'en priver puisque le Nil, les canaux et les lacs abondent en poissons divers, dont beaucoup sont délicieux : le muge (ou mulet), le latès (une sorte de perche), l'anguille ; les palais moins délicats se contentent du silure ou poisson-chat, dont la chair grasse remplit l'estomac à défaut de flatter le goût. On mange les poissons frais, en les faisant rôtir, mais on sait aussi les conserver en les salant ou en les faisant sécher dans des pêcheries, dont l'odeur pestilentielle fait fuir le promeneur. Avec les œufs de muge, on confectionne une sorte de caviar appelé « boutargue ».

Des filets bien garnis

Aussi la pêche constitue-t-elle une activité importante. On peut s'y livrer seul, en jetant dans l'eau un fil muni de gros hameçons sans appât, ou encore avec une épuisette, une nasse, un harpon.

PÊCHE À LA SENNE
À côté du gouvernail d'une barque, un pêcheur laisse tomber dans l'eau un grand filet dont l'autre extrémité est tenue par un pêcheur dans une barque semblable, non visible sur le document. Trois rameurs font mouvoir l'embarcation, tandis que le chef, debout, commande l'opération en interpellant les pêcheurs de la seconde barque.

49

Les pêcheurs chargés d'approvisionner les artisans des tombes royales de Deir el-Medineh ne devaient pas chômer. En effet, il leur fallait fournir plus de six tonnes de poisson par an. La ration de chacun des artisans – une soixantaine, au total – s'élevait à 8,4 kg par mois, soit 280 g par jour.

LES RICHESSES DE L'ÉGYPTE

Les pêcheurs
manœuvrent
sur une légère barque
de papyrus ; ils portent
une giberne suspendue
à leur épaule.
L'ouverture des grandes
épuisettes est renforcée
par une armature de bois
en forme de V.
Selon les conventions
du dessin égyptien,
cette ouverture
est représentée dans
le même plan que le cône
formé par le filet
de l'épuisette,
alors qu'elle est en
réalité perpendiculaire
à ce plan.

Mais, à pêcher ainsi, le rendement reste faible. Lorsqu'on désire une grande quantité de poissons, on emploie les grands moyens : deux barques dérivent côte à côte ; entre elles, un grand filet tenu, à chaque extrémité, par deux pêcheurs, debout dans chacune des deux barques ; insensiblement, on amène le filet vers la berge ; là, il s'agit de sauter à terre très vite et de hisser le filet plein de poissons frétillants.

Les Égyptiens avaient observé attentivement les mœurs des poissons ; ils savaient à quelle époque de l'année les muges, poissons de mer qui s'aventurent fort loin dans le Nil, redescendaient vers les eaux salées pour se reproduire. Au demeurant, ils avaient déjà distingué trois variétés de muges, et les savants modernes, plus de quatre millénaires après, et au terme de longues études, n'ont pu qu'arriver à la même distinction.

50

L'amour du beau

Parcourons un musée d'antiquités égyptiennes. Ne sommes-nous pas frappés par l'extrême variété de ce qu'a produit l'art égyptien ? Sans parler des constructions monumentales, on compte des chefs-d'œuvre aussi bien dans la sculpture que dans la joaillerie, l'ébénisterie, la céramique ou l'orfèvrerie.

Cependant, les connaissances techniques de l'époque, sans être rudimentaires, n'étaient pas toujours très avancées. Ainsi, la métallurgie du fer ne se développe véritablement qu'au premier millénaire avant notre ère et, pendant toute la période pharaonique, les Égyptiens utilisent généralement

PESÉE DU MÉTAL
Dans le plateau
de gauche, les anneaux
de métal ; dans celui
de droite, un poids
en forme de tête de bœuf.
Si le peson est vertical,
c'est que l'équilibre
est atteint.

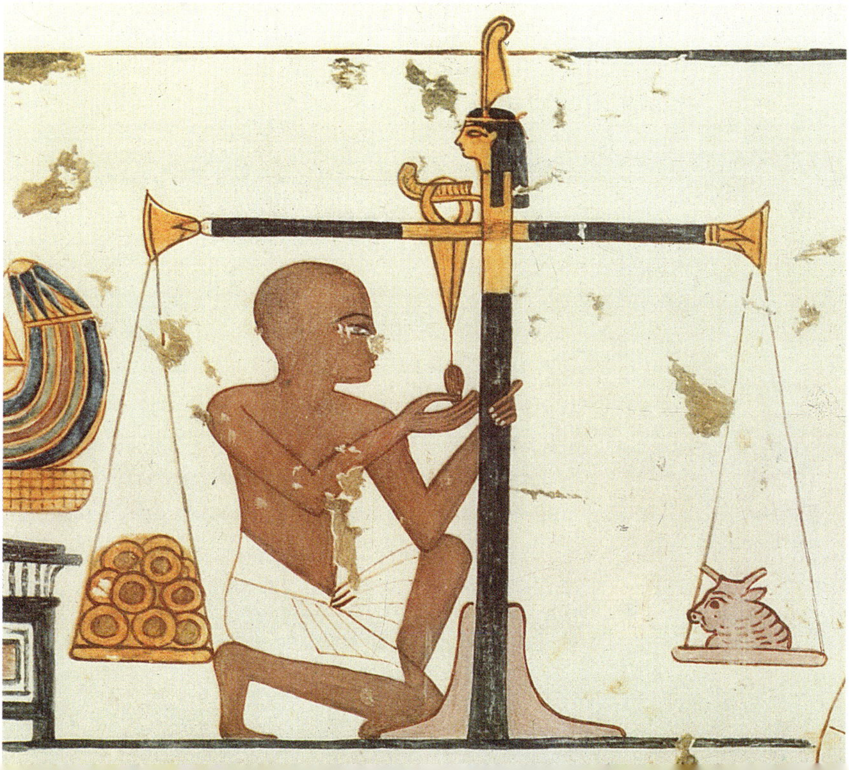

51

LES RICHESSES
DE L'ÉGYPTE

HERMINETTE*
Composé d'un manche
de bois recourbé
et d'une lame de métal,
l'instrument sert à tailler
et à raboter le bois.
Fait significatif de
l'importance accordée
par les Égyptiens à la
menuiserie : l'herminette
est un hiéroglyphe
qui signifie « choisir ».

des outils de pierre ; les outils de métal sont réservés à des usages très particuliers et distribués au compte-gouttes. Malgré ce handicap, les objets égyptiens suscitent, de nos jours encore, l'admiration. Cela tient, sans doute, à leurs proportions et à leur apparence séduisantes.

Des mérites médiocrement récompensés

Les ateliers d'artisanat dépendent, en général, de l'État, des temples, ou des domaines des riches particuliers. Telle ou telle ville est réputée pour une production particulière ; ainsi, Memphis* jouissait d'une célébrité méritée pour ses manufactures d'armes. Mais les produits courants sont fabriqués un peu partout. En général, les artisans ne bénéficient pas d'une position sociale très élevée : « je n'ai jamais vu un sculpteur envoyé en mission », raille

LES RICHESSES
DE L'ÉGYPTE

un scribe. De fait, ils demeurent le plus souvent dans l'anonymat. Pourtant, il arrive qu'un client, très satisfait du travail de l'artiste, récompense généreusement celui-ci et l'autorise à apposer son nom sur l'œuvre qu'il a réalisée. De même, quand ils travaillent pour le roi, les artisans reçoivent des avantages spéciaux. Par un heureux hasard, les fouilles ont mis à jour les vestiges d'un village occupé par les artisans spécialement chargés de décorer les tombes royales de Thèbes*. L'étude de ce village, Deir el-Medineh*, a révélé que ses habitants avaient un niveau de vie très supérieur à la moyenne des travailleurs manuels.

**ARTISANS
AU TRAVAIL**

En haut : à l'extrême droite, un menuisier scie une planche de bois. À droite et à gauche, deux ébénistes taillent des éléments décoratifs en forme de « nœud d'Isis » et de « pilier djed » (voir p. 87).
En bas : à l'extrême droite, un fondeur et son fourneau. Au milieu, deux ouvriers polissent des vases en métal. À gauche, un autre termine au ciseau un uræus*.

53

LES RICHESSES
DE L'ÉGYPTE

LE POUVOIR

Le pharaon

Un souverain
entouré de solennité!

On appelle le monarque qui règne sur l'Égypte
« pharaon »; en égyptien, cela signifie « la grande
maison », désignation du palais royal, puis de celui
qui l'habite. En fait, le roi reçoit une titulature, ou
protocole*, faite de cinq noms: nom d'« Horus »,
nom des « deux maîtresses », nom d'« Horus d'or »,
nom de « roi du Sud et du Nord », nom de « fils de
Rê »; ces deux derniers noms sont écrits à l'intérieur d'un cartouche*, qui représente un cercle de
corde magique, étiré en ovale pour s'adapter à
l'écriture. De nombreux insignes marquent la fonction du pharaon: la double couronne (celles de
Haute-Égypte et de Basse-Égypte réunies), le khepresh*, l'uræus* (voir p. 86), cobra fixé à son front
et qui crache une flamme consumant ses ennemis,
enfin divers sceptres, symboles de son autorité.

Ses objets familiers, barbe postiche, perruque,
sandales, sont traités avec vénération et confiés à
des dignitaires particuliers.

Un cérémonial fastueux préside aux faits et
gestes du pharaon; ses apparitions et ses relations
avec ses sujets sont réglées par une étiquette minu-
tieuse. Lorsqu'un Égyptien est présenté au pharaon, il doit se jeter à terre et « flairer le sol ». Tous
les actes du pharaon sont décrits en termes ampou-
lés; apparaît-il à la fenêtre du palais que l'on dira
« Horus s'élève sur son horizon ». À chaque fois
qu'il est représenté, il domine toujours les autres
hommes par sa taille, et égale les dieux.

56

LE POUVOIR

Un pouvoir absolu

Chef d'État, il dirige.la politique, et il promulgue des décrets en s'appuyant sur son premier ministre, le vizir, qui l'informe et transmet ses décisions à l'appareil administratif.

Chef militaire, il commande l'armée en campagne ; les récits guerriers présentent sa participation au combat comme décisive ; ainsi, dans une bataille livrée contre les Hittites, l'action personnelle de Ramsès II aurait rétabli une situation compromise.

Chef religieux, c'est lui qui, théoriquement, accomplit les rites en faveur des divinités ; mais comme ces rites ont lieu chaque jour, dans tous les temples d'Égypte, il délègue ses pouvoirs aux prêtres. En revanche, il préside aux grandes cérémonies religieuses, et décide de la construction ou de la restauration des sanctuaires.

Selon la doctrine monarchique, lorsque le pharaon prend une décision politique ou, simplement, lorsqu'il parle, d'une manière ou d'une autre, dans le cadre de sa fonction, c'est l'inspiration divine qui est censée l'animer. Ainsi ses propos, dès qu'ils sont fixés par écrit, constituent un décret, littéralement un « ordre royal », dûment mis en forme et archivé, même s'il s'agit d'une lettre purement amicale à l'un de ses sujets. Dans ce cas, il arrivait que le destinataire de la lettre soit si fier d'avoir reçu un « ordre royal » qu'il le faisait reproduire dans sa tombe.

Un homme proche des dieux

Le pharaon entretient avec les dieux des relations de fils à père. Au demeurant, le mythe de la naissance royale raconte que l'héritier de la couronne est engendré par un dieu qui prend, pour la circonstance, l'apparence du roi régnant. Grâce à cette familiarité avec le monde divin, le pharaon agit en tant qu'intermédiaire privilégié entre ce monde et l'humanité. Pourtant, le bon peuple ne s'y trompe pas ; derrière la munificence et l'emphase des épithètes royales, il sait que se trouve un homme comme les autres ; plus d'un conte met le roi, « dieu bon », « fils de dieu », dans des postures peu glorieuses.

57

LE POUVOIR

LE POUVOIR

TOUTANKHAMON ET SON ÉPOUSE

Assis nonchalamment
sur une luxueuse chaise,
les pieds calés par
un coussin moelleux,
le pharaon reçoit les soins
de son épouse.
Il porte une couronne
très compliquée, appelée
« triple atef » (voir p. 86) ;

à la ceinture de son long
pagne, il a noué
une écharpe dont les pans
retombent gracieusement
sur le côté.
La reine, qui a passé
une robe élégante, porte
une coiffure constituée
du disque solaire, encadré
par deux cornes, surmonté
de deux plumes et

reposant sur une couronne
d'uræus* (voir p. 86).
En haut, le globe solaire,
dont les rayons se
terminent par des mains.
C'est le symbole du dieu
Aton, dont le prédécesseur
de Toutankhamon,
Akhenaton, avait voulu
faire le dieu exclusif
de l'Égypte.

Déjà, la paperasse...

La civilisation égyptienne est l'une des premières à avoir inventé l'écriture. Le moins que l'on puisse dire, c'est qu'elle a abondamment utilisé cette invention. Le goût de l'administration y est pour beaucoup. Dans l'Égypte ancienne, tout est enregistré, recopié, classé. Offices nationaux, temples, domaines privés disposent de leur propre administration qui note minutieusement tout ce qui se passe et tout ce qui est produit ; on n'obtient rien sans demande en bonne et due forme, ni sans pièces justificatives.

À vrai dire, l'excès nuit. On noircit tant de papyrus que la paperasse finit par étouffer l'activité. Dans l'Égypte pharaonique, comme en d'autres temps et en d'autres lieux, le goût trop poussé de la perfection suscite une bureaucratie pesante qui tend à paralyser ce qu'elle devrait en fait régulariser. Déjà, on se plaint de la raideur des « ronds de cuir », des situations cocasses dues à l'enchevêtrement des règlements.

Tel proteste parce qu'il est taxé pour un personnel qu'il ne possède pas ; on a appliqué à ses quelques arpents de terre des normes valant pour les immenses domaines des grands temples. Un autre, responsable de l'exploitation d'une carrière, s'étonne qu'on l'oblige à conduire ses ouvriers à la capitale pour les habiller, opération exigeant une semaine, alors qu'un chaland vide passe régulièrement près de la carrière ; le chargerait-on des vêtements nécessaires que six jours seraient gagnés.

Fabrication du papyrus : on coupe les tiges de papyrus en tronçons ; puis on coupe ces tronçons, dans le sens de la longueur, en fines lamelles. Ensuite, ces lamelles, bien mouillées, sont placées côte à côte, de manière à couvrir la surface correspondant à la future page ; ensuite, on superpose une seconde couche de lamelles, perpendiculairement à la première. L'ensemble est longuement battu, lavé, séché, pour obtenir une page que l'on collera, par le rebord, à d'autres pages ; un rouleau comporte, en général, vingt pages.

59

LE POUVOIR

Des privilégiés

SCRIBE ACCROUPI
Assis « en tailleur »,
il écrit sur un rouleau
de papyrus posé à plat
sur ses cuisses.
On remarquera que
des bourrelets de graisse
barrent son ventre.
Ce n'est évidemment pas
une notation « réaliste »,
mais l'indication que
notre homme jouissait
d'une situation privilégiée,
où il n'avait pas
à s'épuiser dans de rudes
efforts physiques !

Qu'importe au scribe ! Accroupi, le calame* à la
main, un rouleau de papyrus sur les genoux, il
aligne imperturbablement chiffres et formules
administratives, comme on le lui a inculqué à
l'école. Fier de sa compétence, conscient de son

60

LE POUVOIR

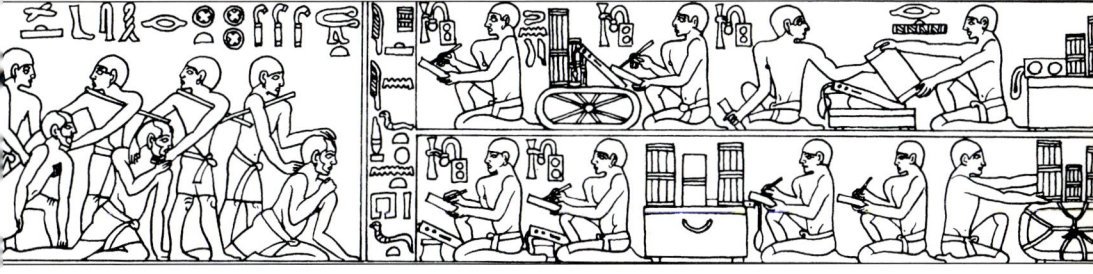

importance – n'est-il pas indispensable à l'État ? –, il entend se distinguer du paysan ou du travailleur manuel dont il raille les déboires. À lui les beaux habits, les honneurs, une situation assise, c'est le cas de le dire… Bien nourri, déjà bedonnant, il s'admire béatement d'être si savant.

Il est vrai que, dans l'Égypte des pharaons, la maîtrise de l'écriture n'était l'apanage que d'une élite très restreinte. Pour donner un ordre d'idée, on l'estime très approximativement à 1% de la population. Cette supériorité technique était d'autant plus susceptible de donner un esprit de caste à ceux qui la possédaient qu'elle leur permettait d'asseoir leur domination sur l'immense majorité des non-lettrés. En fait, l'élite lettrée correspond à l'élite dirigeante et à ses auxiliaires.

61

PALETTE DE SCRIBE
À droite, deux cavités destinées à recevoir les pastilles d'encre noire et d'encre rouge. Au milieu, une encoche où sont insérées les tiges de roseaux (calames*) qui servent à écrire. Souvent aussi, sur le dessus, on remarque des essais d'écriture.

LE POUVOIR

Faire la guerre

Une civilisation pacifique, et pourtant…

Comparée à d'autres civilisations du Proche-Orient, l'Égypte pharaonique offre un visage débonnaire et pacifique. Cependant, elle a dû apprendre à organiser et à développer sa puissance militaire, pour deux raisons. D'une part, elle utilise divers produits qu'elle doit chercher soit dans les déserts qui bordent la vallée, soit dans les pays étrangers : tels l'or, l'argent, le cuivre, les pierres précieuses, le bois de charpente, les aromates. Pour assurer la sécurité des routes d'approvisionnement, une force armée est nécessaire. D'autre part, l'Égypte eut à se défendre contre les invasions : les Hyksos, peuplade de pasteurs sémites, les Libyens, les Peuples de la mer, les Éthiopiens, les Assyriens et les Perses attaquèrent tour à tour ses frontières.

Une armée bien organisée

Aussi, dès le Nouvel Empire, une armée régulière est mise sur pied et minutieusement organisée. L'infanterie est répartie en quatre divisions, désignées chacune par le nom d'un des quatre grands dieux, Rê, Amon, Ptah, Seth. À côté de l'infanterie, voici l'ancêtre de nos armées motorisées : des chars de guerre traînés par des chevaux ; cette « charrerie » constitue l'unité d'élite ; chaque char, tiré par deux chevaux, est monté par deux soldats, un conducteur et un combattant.

Échec aux Peuples de la mer

Les troupes de marine égyptienne (à gauche) infligent une sévère défaite aux Peuples de la mer (à droite), reconnaissables à leurs casques à crinière ou à cornes.
En bas, les nombreux prisonniers sont liés et conduits vers des camps d'internement. Certains seront réutilisés dans les corps auxiliaires de l'armée du pharaon. En effet, les Égyptiens avaient coutume d'enrôler à leur service des étrangers, parce qu'eux-mêmes n'avaient pas beaucoup le goût de la guerre.

LE POUVOIR

HACHE ET POIGNARD
Ces armes appartenaient
au pharaon Amosis.
Ce sont des armes
d'apparat.

Outre l'infanterie et la charrerie, il existe des corps spécialisés : marins, éclaireurs, troupes de garnison, intendance. L'armement comprend haches, piques, javelines, arcs, cimeterres, coutelas ; des boucliers de bois, recouverts de peaux, et des cuirasses protègent les combattants.

Propagande antimilitariste

L'Égypte recrute des soldats mercenaires parmi les peuples étrangers : Libyens, Nubiens, Grecs servent le pharaon. Par ailleurs, nombre d'Égyptiens choisissent le métier des armes. Y trouvent-ils leur

COTTE DE MAILLE
La cotte est suspendue à
un pilier dont l'extrémité
est visible en haut. Elle
est faite d'une brassière
de cuir recouverte
de plaques de bronze.
La cotte de maille
fut introduite de Syrie
en Égypte au début
du Nouvel Empire.

LE POUVOIR

compte ? À vrai dire, des récits violents peignent un épouvantable tableau de la condition militaire : « On prend le jeune soldat, et on l'emprisonne dans un baraquement ; on le jette par terre, et on le bat comme un papyrus. Le voici parti guerroyer en Syrie ; sa ration de pain et d'eau est sur ses épaules, comme le fardeau d'un âne ; il boit de l'eau malodorante et ne fait halte que pour monter la garde. Quand il revient en Égypte, il est comme un morceau de bois mangé aux vers. » Cette littérature antimilitariste est répandue par certains scribes, inquiets de voir les jeunes délaisser les études pour rêver de gloire et de conquête.

Dans la réalité, le guerrier reçoit de l'or, participe au butin, a droit à des donations de terrain ; quand vient l'âge, on lui confie un poste de tout repos dans l'administration, pour qu'il y coule des jours sereins et prospères.

**UNE FORTERESSE
DU MOYEN EMPIRE**
Reconstitution
de la forteresse
de Bouhen, en Nubie.
Le mur fortifié,
haut de plus de 9 m
et renforcé par des tours,
est précédé d'une berme,
elle-même défendue
par un parapet
surplombant un fossé.
La poterne est constituée
de deux tours encadrant
un étroit corridor
de plus de 20 m de long,
et enjambant le fossé.
Le corridor est
interrompu par une fosse
recouverte d'un tablier
de bois que l'on retire
en cas d'attaque.

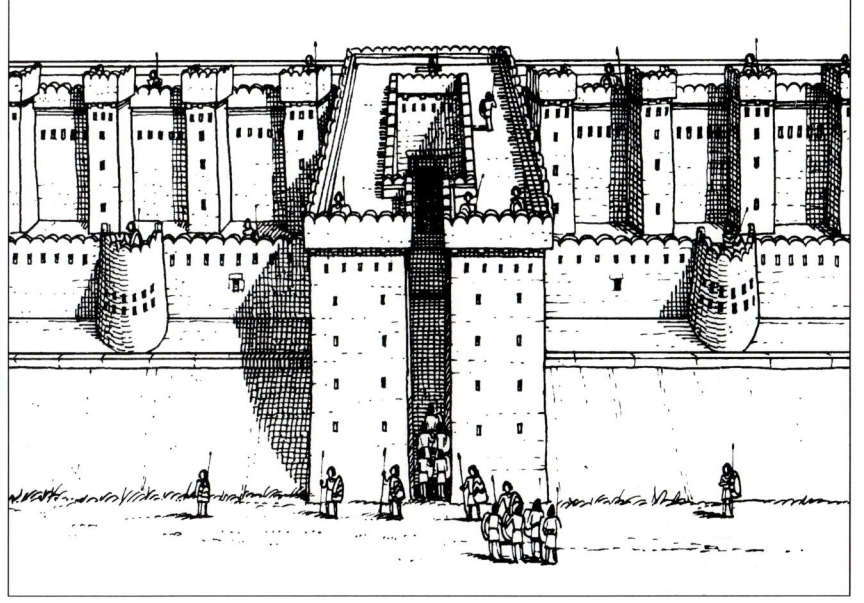

65

LE POUVOIR

LES DIEUX ET LES MORTS

Des dieux étranges

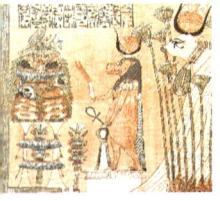

LES DIEUX
ET LES MORTS

OSIRIS ET ISIS
Le pharaon (à droite)
fait une offrande à Osiris
et Isis (à gauche).
Osiris est le dieu
des morts ; voici pourquoi :
jadis, Osiris, pharaon
aimé de son peuple,
avait un frère, Seth,
qui le jalousait.
Un jour, Seth réussit à
le tuer, découpa son corps
en morceaux qu'il jeta
au Nil. Isis, l'épouse
d'Osiris, partit à la quête
de ces morceaux,
reconstitua le corps, et
conçut un fils posthume,
appelé Horus.
Elle l'éleva à Chemmis,
dans les marais
qui bordent la côte
de la Méditerranée,
en se cachant de Seth.
Devenu grand, Horus tua
Seth pour venger
son père et lui succéder
comme pharaon.
Quant à Osiris,
il régna désormais
sur le royaume souterrain,
où il présida au tribunal
qui juge les morts.

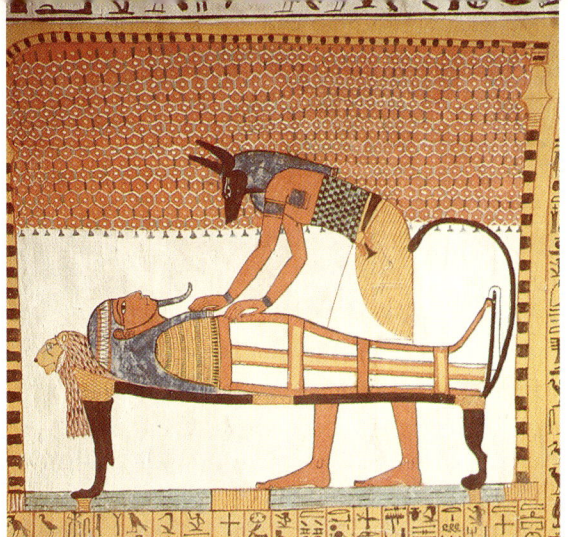

ANUBIS
Ce dieu chacal a pour principale fonction de veiller à la momification. Ici, il achève le toilettage d'une momie.

THOT
Thot s'incarne dans deux animaux différents. On le voit parfois, comme ici, avec un corps d'homme, surmonté d'une tête d'ibis coiffée du croissant et du disque lunaire. Mais il peut prendre aussi l'aspect d'un babouin, portant la même coiffure. Thot est le dieu de l'ordre et de la régularité. Quand Horus et Seth se chamaillent, il intervient pour les réconcilier. Dieu de la Lune, il fixe les divisions du temps et établit le calendrier. Inventeur de l'écriture, il veille sur les lois et donne l'inspiration aux scribes.

DIEU CHAT ET APOPHIS
Le serpent Apophis voue une haine inextinguible à Rê, le dieu Soleil. Chaque jour, quand Rê parcourt le ciel sur sa barque, Apophis tente de l'engloutir. Heureusement, Rê mobilise une escorte de divinités « gardes du corps », comme ici le chat, qui savent repousser les assauts du serpent. L'ennui est qu'Apophis, loin de se décourager de ses échecs répétés, revient inlassablement à la charge et qu'inlassablement il faut lui tenir tête.

LES DIEUX
ET LES MORTS

Des temples pour tous les dieux

Majesté et pénombre

En Haute-Égypte, quelques temples presque intacts dressent encore leurs silhouettes majestueuses. Les temples sont bâtis non loin du Nil ou d'un canal ; d'un quai construit sur la berge part une allée, le dromos*, bordée de sphinx* ou de criosphinx*, qui mène au temple. Celui-ci est entouré d'un haut mur d'enceinte, dont la porte est défendue par un pylône* massif contre lequel s'appuient des mâts portant des oriflammes ; devant, des obélisques*, des statues colossales du pharaon, des oratoires populaires, une foule grouillante de plaideurs, car ici sont jugées les affaires bénignes.

Entrons. Voici une grande cour, pourvue d'une colonnade. Ensuite, une ou plusieurs salles à colonnes, appelées hypostyles* ; ces colonnes, décorées, plaquées d'or, peintes de vives couleurs, évoquent par leur forme des papyrus, des lotus, et soutiennent un plafond étoilé.

Enfin, voici le sanctuaire proprement dit ; adossées aux murs, de petites pièces contiennent la barque du dieu, les enseignes sacrées, le matériel du culte ; au centre, le naos*, petit local où est enfermée la statue du dieu. Les parois du temple sont ornées de bas-reliefs représentant les rites accomplis en faveur des divinités. Des escaliers conduisent au toit, sur lequel sont érigées de petites chapelles. Au fur et à mesure que l'on s'avance vers le fond du temple, le plafond s'abaisse, le sol monte, et, la lumière décroissant, la pénombre s'épaissit, suggérant le mystère.

LES DIEUX
ET LES MORTS

Autrefois, l'Égypte était couverte de temples, chaque localité possédant le sien, ou même les siens. De nos jours, la plupart ont disparu sous les coups du temps et des hommes. Les mieux conservés de ceux qui subsistent se trouvent en Haute-Égypte. Si les temples de Karnak* demeurent les plus spectaculaires, ceux de Denderah et d'Edfou sont les plus instructifs, quoiqu'ils aient été édifiés très tardivement, parce qu'ils sont presque intacts.

Des dépendances nombreuses

À l'extérieur du temple proprement dit, mais à l'intérieur de l'enceinte, on trouve le puits d'où l'on tire l'eau nécessaire aux rites, le lac sacré sur lequel, occasionnellement, flotte la barque divine, des temples annexes, comme le mammisi*, où est célébrée la naissance du jeune dieu, la maison de vie*, centre de l'activité théologique et école pour les

ENTRÉE DU TEMPLE D'HORUS À EDFOU
L'entrée est ménagée dans un pylône* défendu par deux hautes tours (36 m) décorées chacune d'immenses bas-reliefs. De chaque côté, dans les rainures du mur, passaient deux grands mâts surmontés d'oriflammes.

LES DIEUX
ET LES MORTS

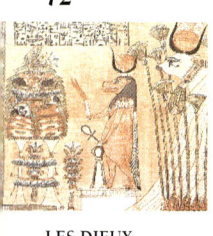

**LES DIEUX
ET LES MORTS**

**LA COUR
DU TEMPLE D'HORUS**
Nous avons franchi
la porte et nous voici
dans une grande cour
pavée, bordée de chaque
côté d'une colonnade.
Là s'entassait la foule,
les jours de fête.
Au fond de la cour,
l'entrée de la première
salle hypostyle*.
Un mur à mi-hauteur,
entre les colonnades,
laisse passer la lumière.

futurs prêtres, les demeures des prêtres et de nombreux ateliers, intendances et officines diverses.

C'est que le temple, plus qu'un simple lieu de culte, constitue aussi une cellule économique : il possède des terres, des biens, des revenus, une administration propres ; le pharaon lui accorde souvent des privilèges : exemption de taxes, droit d'asile. Un inventaire réalisé sous Ramsès III nous apprend que les temples disposent de 107 615 esclaves, 490 386 têtes de bétail, et du septième des terres cultivables.

Un clergé puissant

La classe des prêtres représente une importante fraction de la société égyptienne. Pour être prêtre, il faut savoir lire et écrire, et s'être purifié lors de l'accomplissement de ses fonctions ; mais le célibat n'est pas requis. Comme le service n'intervient qu'à certains moments, le prêtre peut aussi exercer une profession laïque.

À la tête du clergé, on trouve le prophète*, ou le premier prophète, s'il y en a plusieurs, puis les pères divins*. Viennent ensuite les prêtres spécialistes : le prêtre lecteur*, qui lit les textes religieux,

**STÈLE
D'UN PARALYTIQUE**
Rem, un pauvre portier, atteint de poliomyélite, réunit ses dernières ressources pour faire une offrande somptueuse à Astarté, déesse syrienne introduite en Égypte, dans l'espoir d'obtenir sa guérison.

73

LES DIEUX
ET LES MORTS

Pour interroger l'oracle, on présentait deux tablettes portant chacune le même texte dans une version positive et dans une version négative. Le dieu choisissait alors l'une des tablettes, en signifiant son choix par des mouvements de la barque qui le portait, et indiquait ainsi qu'il répondait positivement ou négativement, selon le cas.

les horoscopes*, qui s'occupent du calendrier et de la marche des astres, les stolistes*, qui ont charge du linge sacré, les hiérogrammates*, experts en théologie. Enfin, les « purs », qui se répartissent les fonctions mineures : porteurs de la barque, artisans des ateliers du temple, balayeurs. Il y a aussi un clergé féminin : chanteuses et joueuses de sistre*, « divine adoratrice » pour le dieu Amon, prophétesses pour les déesses. En outre, d'autres prêtres veillent au service des morts : le serviteur du double* qui pourvoit aux offrandes, le choachyte* qui leur verse des libations.

Le pharaon, chef religieux, accomplit les principaux rites, mais délègue son pouvoir au prophète* qui célèbre le culte journalier. Au lever du jour, il s'avance vers le naos*, en rompt les scellés, se prosterne, lave la statue du dieu, l'oint, l'entoure de bandelettes, lui fait des fumigations d'encens, lui offre un repas, puis referme le naos, repose les scellés, et s'éloigne en effaçant ses traces sur le sol. Le cérémonial est réglé minutieusement.

Des cérémonies fastueuses

Les fêtes, très nombreuses, sont l'occasion de fastueuses solennités. La statue du dieu est placée sur une barque portée par les prêtres et transportée hors du temple dans l'allégresse générale, puisque les laïcs, à qui l'accès au temple est interdit, peuvent enfin contempler leur dieu. Parfois, la statue effectue une navigation sur le lac sacré, ou même sur le Nil pour rendre visite à des divinités amies. Souvent, on joue un épisode de la légende du dieu. Ainsi, à Abydos*, patrie d'Osiris, la barque du dieu

74

LES DIEUX
ET LES MORTS

est assaillie par ceux qui tiennent le rôle de Seth, frère et meurtrier d'Osiris ; suit un combat au terme duquel les partisans d'Osiris triomphent ; puis tous se réconcilient dans la joie.

C'est aussi lorsque sort la barque du dieu que le peuple égyptien exprime ses prières ou consulte l'oracle. À ceux qui le questionnent, le dieu répond par des mouvements de la barque ; ces mouvements sont évidemment commandés par les prêtres qui portent la barque.

**THOUTMOSIS III
DEVANT AMON**
À droite, Amon,
coiffé d'un mortier
à deux plumes.
À gauche, le phraraon
Thoutmosis III
offre l'encens
et une libation.
À hauteur du visage
du roi et du dieu,
des graffiti hiératiques
laissés par les visiteurs
de l'époque pharaonique.

75

LES DIEUX
ET LES MORTS

Des croyances étranges

Une magie très utile

Parallèlement à la religion, bien des croyances et
des superstitions dominent la vie de l'Égyptien
ancien. Est-il malade qu'il recourt à la médecine,
mais cette médecine demeure rudimentaire, et
encore mêlée de magie ; voici, par exemple, une
recette pour guérir les maux de dents d'un jeune
enfant : « On fait manger à l'enfant ou à sa mère une
souris cuite. Les os en sont placés à son cou dans
une étoffe de lin fin, à laquelle on fait sept nœuds. »

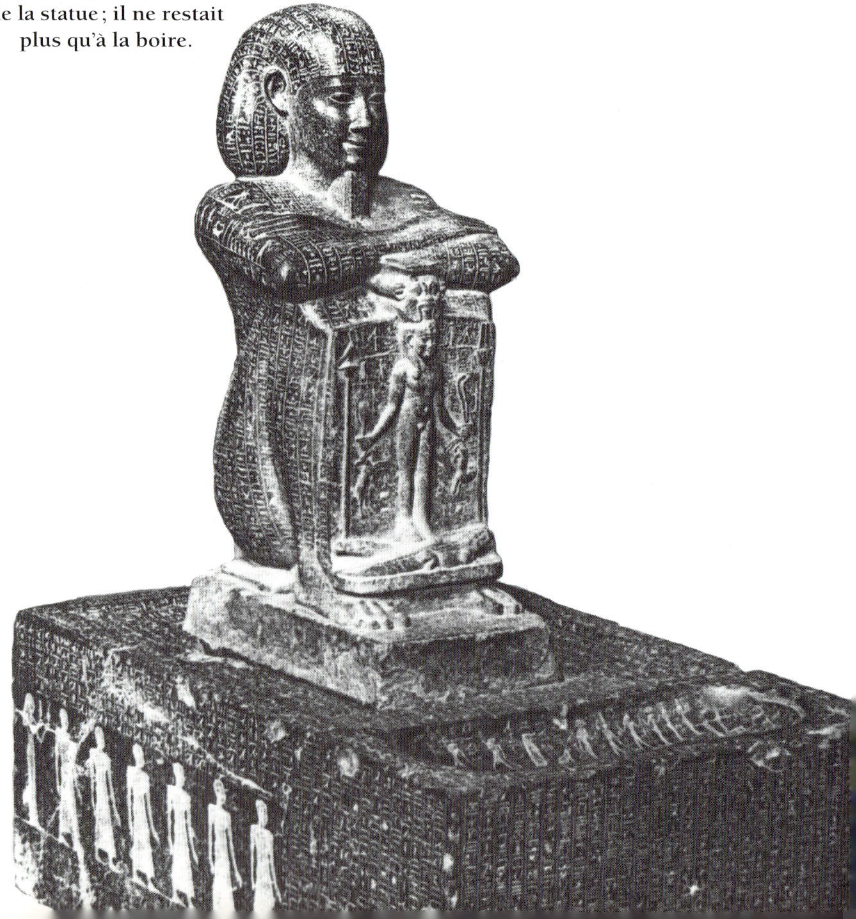

LES DIEUX
ET LES MORTS

La magie sert aussi à conjurer les dangers quoti-diens. L'Égypte est infestée de serpents, de scor-pions et de crocodiles. Aussi place-t-on dans les maisons des stèles recouvertes de formules et repré-sentant Horus enfant triomphant des animaux dan-gereux ; on espère ainsi repousser ces animaux, ou, à défaut, guérir de leurs piqûres ou de leurs mor-sures. De même, des images du dieu Bès, un nain difforme dont l'aspect est censé épouvanter les mauvais esprits, sont placées aux endroits « straté-giques », en particulier sur les chevets* sur lesquels on pose le cou pour dormir ; ainsi, pas de mauvais rêves. Par la magie, on espère aussi capter l'amour d'une jeune fille jusque-là dédaigneuse, ou encore faire tomber les cheveux d'une rivale trop jolie.

PSYCHOSTASIE (PESÉE DE L'ÂME)

La scène de la psychostasie appartient au *Livre des Morts,* recueil de formules magiques destinées à assurer la survie dans l'au-delà. La défunte est introduite dans la salle du jugement. Anubis, dieu chacal, met en balance son cœur, siège de la conscience (plateau de droite) avec la Vérité, symbolisée par une statuette de femme coiffée d'une plume (plateau de gauche). Thot inscrit le résultat.

77

LES DIEUX ET LES MORTS

BÈS
Cet affreux nabot,
difforme et grimaçant,
était pourtant un dieu
fort sympathique.
À son aspect,
tous les êtres hostiles
s'enfuyaient.

D'autres tentent de retrouver leurs vingt ans en suivant les préceptes d'un livre intitulé : *Comment transformer un vieillard en jeune homme*. On n'ignore rien des techniques de la sorcellerie classique : un mari bafoué façonne un crocodile en cire et le place dans le bassin où son rival a coutume de se baigner ; animée par une formule magique, l'effigie de cire devient un vrai crocodile qui dévore le baigneur.

Une épreuve redoutable

La magie répond non seulement aux préoccupations terrestres, mais aussi à celles du monde de l'au-delà, où les Égyptiens croyaient en effet pouvoir bénéficier d'une nouvelle vie. Mais il fallait remplir certaines conditions, entre autres passer l'épreuve redoutable de la pesée de l'âme.

Le défunt était introduit dans une salle où siégeaient Osiris et quarante-deux assistants ; il procédait à la « confession négative », c'est-à-dire qu'il affirmait n'avoir pas commis les quarante-deux péchés capitaux. Puis son cœur, siège de sa conscience, était pesé avec l'emblème de la Vérité. Si le plateau de la balance penchait du mauvais côté, on le livrait à un monstre. Sinon, il rejoignait Osiris dans le royaume des « justifiés ».

Les Égyptiens, guère plus vertueux que les autres hommes, redoutaient cette épreuve et prenaient leurs précautions : ils plaçaient dans leurs tombes des papyrus contenant des formules propres à ensorceler la balance. Ainsi, bons ou méchants, ils se croyaient assurés de réussir leur examen de passage dans l'au-delà.

Les Égyptiens croyaient que les morts pouvaient intervenir dans l'existence des vivants, soit pour les aider, le plus souvent pour leur nuire, parce qu'ils avaient des « comptes à régler ». Aussi écrivaient-ils des lettres à leurs familiers décédés, pour solliciter leur intervention dans une affaire préoccupante, ou pour les supplier de cesser leurs persécutions.

LES DIEUX
ET LES MORTS

Des morts bien soignés

Une recette éprouvée pendant 3 000 ans

Les anciens Égyptiens passaient pour de bons vivants, et pourtant ils ont consacré à leurs morts plus de soin qu'aucun autre peuple. Paradoxe ? Non pas. Simplement, ils croyaient à la possibilité d'une autre vie, à condition que le cadavre ne disparaisse pas en poussière, qu'il soit placé dans un tombeau indestructible, qu'un service d'offrandes soit assuré au défunt.

Des funérailles bien menées réalisaient la première condition. Le cadavre était momifié : on en retirait le cerveau et les viscères, ceux-ci étant placés dans quatre vases appelés « vases canopes »* ; ensuite, on remplissait le corps d'aromates et on le laissait séjourner soixante-dix jours dans un bain de natron* (mélange de carbonate et de bicarbonate de soude), afin qu'il se dessèche ; puis on l'entourait de fines bandelettes enduites de gomme odorante : le corps était devenu momie.

Venait alors la cérémonie de l'enterrement, au cours de laquelle la momie, portée en grande pompe devant l'entrée de la tombe, était dressée et faisait l'objet du rituel de l'ouverture de la bouche : un prêtre touchait les yeux, les oreilles, le nez et la bouche avec une herminette* pour que ces organes retrouvent leurs capacités dans l'au-delà. Enfin, le cercueil contenant la momie et le mobilier funéraire était enseveli dans le caveau de la tombe, clos à tout jamais ; du moins l'espérait-on, car on avait toujours à redouter les pillards.

PYRAMIDION
L'entrée de la tombe était souvent surmontée d'un pyramidion analogue à celui-ci. On notera l'effigie du défunt et de son épouse sculptée dans la face tournée vers l'Orient.

LES DIEUX
ET LES MORTS

MASTABA*
Ce mastaba
est situé au pied
de la grande pyramide.
Une terrasse pavée
précède le hall soutenu
par deux colonnes.

SARCOPHAGE
À VISCÈRES
DE TOUTANKHAMON
Réplique miniature des
trois grands sarcophages
qui contenaient le corps,
ce petit sarcophage, et
trois autres semblables,
contenaient les viscères
retirés lors de la
momification.
Il est en or, incrusté
de pierres précieuses
et de pâte de verre.

80

LES DIEUX
ET LES MORTS

Dans des demeures d'éternité

Cette tombe, deuxième condition, devait être
indestructible, « une demeure d'éternité ». D'où ces
gigantesques monuments qui étonnent encore, les
pyramides. Les pyramides sont les tombeaux des
rois de l'Ancien et du Moyen Empire ; le mot vient
d'un terme grec qui désigne un gâteau de forme…
pyramidale ! À l'origine, les tombes étaient simplement surmontées d'un tertre en terre, que l'on
construisit ensuite en briques ; c'est le mastaba*.

Vinrent les pyramides…∴

Puis l'idée vint de superposer plusieurs mastabas
de dimensions décroissantes. Adaptée à l'architecture en pierres, cette idée a donné la pyramide à
degrés du roi Djoser, vers 2700 avant notre ère, qui

comporte six degrés. Puis on pensa à combler les intervalles entre les degrés pour aboutir, après quelques tâtonnements, à la pyramide classique, dont les plus célèbres représentants sont les monuments de Khéops, Khéphren et Mykérinos. La pyramide de Khéops atteignait 147 m en hauteur et couvrait plus de quatre hectares !

L'entrée, située à 16,50 m sur la face nord, permettait d'accéder à une galerie descendante, puis montante, qui conduisait à la chambre sépulcrale contenant le sarcophage, au centre de la pyramide. Plus jamais on n'en construisit de semblables. Les pyramides des pharaons postérieurs ne supportent la comparaison ni par la taille, ni même par la conception d'ensemble.

Au Nouvel Empire, plus de pyramides. Les rois se font enterrer dans des hypogées* ou syringes*, c'est-à-dire des tombeaux souterrains creusés dans le gebel*. À Thèbes*, la vallée des Rois* en comporte

**PYRAMIDE
DE KHÉPHREN
À GIZEH**
Sa hauteur atteignait
143,5 m, ses côtés
mesuraient 215,25 m.
Elle était donc
légèrement plus petite
et plus aiguë
que celle de Khéops.
Au sommet subsiste
encore une partie
du parement en calcaire
fin qui la revêtait
entièrement.
À l'intérieur
de la pyramide, dans
la chambre funéraire, on
découvrit le sarcophage
du roi et son couvercle
brisé ; mais la momie
et le matériel funéraire
avaient été pillés
depuis bien longtemps.

81

LES DIEUX
ET LES MORTS

soixante-deux, dont le plus célèbre, celui du pharaon Toutankhamon, est l'un des plus médiocres. Pour les particuliers, pas de pyramides, sinon un petit pyramidion surmontant leur chapelle.

Des morts bien servis

Les sépultures égyptiennes offrent une particularité essentielle : elles comprennent deux parties. D'une part, le caveau où le sarcophage et la momie sont enfermés et inaccessibles ; d'autre part, une chapelle funéraire, ouverte aux vivants ; dans le cas des pyramides ou des hypogées* royaux, la chapelle funéraire est représentée par un ou plusieurs temples funéraires, parfois assez éloignés du tombeau proprement dit. Pourquoi cette division ? Parce que la troisième condition qu'exige la survie, c'est qu'un service, appelé culte funéraire, soit assuré au défunt. Précisément, le temple ou la chapelle funéraire sont aménagés pour que les prêtres puissent y accomplir les rites et les offrandes de ce service ; il s'agit de verser de l'eau, de présenter des victuailles en prononçant des formules magiques propres à les

82

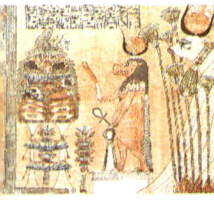

LES DIEUX
ET LES MORTS

Le jeune prince Thoutmosis s'étant endormi à l'ombre du grand Sphinx*, il eut un songe. Le Sphinx lui adressait la parole, lui prédisant qu'il serait roi et le suppliant de le dégager du sable qui l'étouffait. Devenu pharaon, Thoutmosis IV se souvint de son rêve. Il fit désensabler le Sphinx et dresser entre ses pattes une stèle commémorative.

rendre assimilables pour le mort ; car ce mort, dans
sa nouvelle vie de l'au-delà, a besoin de se nourrir.
Parfois, croit-on, il se transforme en oiseau pour
voleter dans la chapelle funéraire. Aussi en décore-
t-on les parois avec des scènes rappelant son activité et sa vie passées. Le service du mort devant être
le plus fréquent possible, les nécropoles égyptiennes étaient des ruches bourdonnantes où se
pressaient les familles, les prêtres, les sacrificateurs,
les porteurs d'offrandes, sans compter carriers et
maçons, toujours affairés à l'édification d'une nouvelle demeure d'éternité.

DEIR EL-BAHARI
À gauche, la pyramide
du roi Mentouhotep
Nebhepetrê
(XIe dynastie), entourée
de deux terrasses
étagées constituant
le temple funéraire.
À droite,
le temple funéraire
de la reine Hatshepsout
(XVIIIe dynastie),
femme exceptionnelle
qui régna en reléguant
dans l'ombre son neveu
Thoutmosis III.

83

LES DIEUX
ET LES MORTS

Une recherche passionnante

Une grande surprise

Les fouilles officielles ou clandestines du XXe siècle avaient déjà mis au jour plus d'un chef-d'œuvre. Mais l'archéologue anglais Howard Carter, en découvrant en 1922 la tombe, presque intacte, de Toutankhamon, un pharaon de piètre envergure pourtant, fit l'une des plus grandes découvertes archéologiques de tous les temps. À vrai dire, un tel amoncellement d'objets inestimables, et pour les matériaux utilisés (or, argent, pierres précieuses…), et pour le travail nécessaire à leur fabrication, laissait pantois les fouilleurs les plus expérimentés. Devant tant de joyaux et d'œuvres d'art sortis du sol après plus de trois mille ans d'oubli, on se pose naturellement cette question : « Peut-on espérer d'autres découvertes aussi sensationnelles ? ».

Découvrira-t-on d'autres Toutankhamon ?

La réponse doit être nuancée. En fait, en 1940, l'archéologue français Pierre Montet découvrit à Tanis*, dans le nord-est du delta, une nécropole royale inviolée. Malheureusement, en raison de la

84

LES DIEUX
ET LES MORTS

PRÉSENCE DU PASSÉ
Des paysans vaquent à leurs travaux quotidiens, indifférents aux majestueuses ruines d'un temple pharaonique dressé à l'arrière-plan.

guerre, l'événement fut à peine remarqué. Toutefois, de telles trouvailles demeurent exceptionnelles. Les monuments ont commencé à être pillés dès l'époque pharaonique : les documents d'un procès intenté aux pillards de tombes royales sous la XXᵉ dynastie nous sont parvenus. L'archéologue du XXᵉ siècle arrive rarement le premier sur le terrain, car l'exploitation des antiquités, aussi bien pour approvisionner le commerce d'art que pour récupérer des matériaux de construction, ne s'est pratiquement jamais interrompue. De plus, beaucoup de sites sont devenus inaccessibles parce que les villes modernes s'étendent sur eux. Ceux qui restent sont presque tous déjà retournés et mis à sac. Le fouilleur a donc peu de chances de découvrir un sarcophage en or massif. Qu'importe ! S'il conduit sa fouille avec rigueur et méthode, en distinguant soigneusement les différentes couches qu'il traverse (stratigraphie*), les humbles vestiges mis au jour, patiemment classés et interprétés, raconteront l'histoire, magnifique ou modeste, des hommes et femmes qui vécurent sous les pharaons.

**LA TOMBE
DE TOUTANKHAMON
AU MOMENT
DE SON OUVERTURE**
De graves troubles
marquèrent la fin du
règne de Toutankhamon ;
aussi l'enterra-t-on
à la hâte. Le mobilier
funéraire fut entassé
pêle-mêle, faute
de temps. Quand Carter
y pénétra, il découvrit un
véritable capharnaüm.

**UN CHANTIER
DE FOUILLES**
La nécropole
des notables de l'époque
Libyenne en cours
de fouilles, sur le site
d'Héracléopolis.

LES DIEUX
ET LES MORTS

Quelques objets symboliques

 Le jonc de la Haute-Égypte et le papyrus
de la Basse-Égypte noués autour du hiéroglyphe
sma, « unir ». C'est le symbole de l'unité de l'Égypte

 À gauche, la couronne blanche du royaume
de Haute-Égypte ; à droite, la couronne rouge
du royaume de Basse-Égypte.

 Le roi porte souvent les deux couronnes réunies
en une seule, appelée *pskhent*. Il affirme ainsi
son pouvoir sur l'Égypte entière.

 L'*uræus** (nom masculin invariable), souvent au front
du pharaon. C'est un cobra en colère, qui gonfle son cou.
Cet animal projette son venin dans l'œil de ses ennemis,
provoquant une douleur aussi vive qu'une brûlure :
on dit que l'*uræus* dévore par sa flamme l'être hostile.

 Le *khepresh**, de couleur bleue, est l'une des couronnes
d'apparat du pharaon.

 Une mitre de paille, surmontée du disque solaire
et entourée de deux plumes d'autruche,
telle est la couronne *atef*, portée par Osiris.

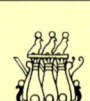 La couronne *hemhemet*, ou « triple *atef* », est composée
de trois mitres de paille, entourées des deux plumes
d'autruche, et posées sur des cornes de bélier.
Au sommet et à la base, des disques solaires.
Suspendus aux cornes, des *uræus*.

 Le *nemes* est une coiffure plus simple et plus fréquente
que la précédente. C'est une pièce d'étoffe rayée bleu
et blanc, retombant de part et d'autre des épaules.
L'arrière est noué sur la nuque.

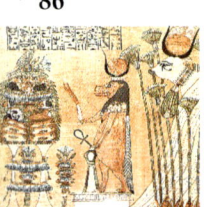

**LES DIEUX
ET LES MORTS**

Les reines portent souvent sur leur perruque une coiffure constituée d'une dépouille de vautour dont les ailes retombent de chaque côté. Cette coiffure est surmontée, soit de deux plumes et du disque solaire, comme ici, soit des cornes de vache entourant le disque solaire.

Ce sceptre représente le bâton crochu auquel les bergers nouaient leur baluchon pour le porter.
Symbole de pouvoir, il sert à écrire, en hiéroglyphe, le mot *heqa*, qui signifie « souverain ».

Encore un sceptre d'origine agricole, le *nekhekh*, fléau servant sans doute à battre le grain.
En tant que sceptre, c'est un attribut fréquent d'Osiris.

Lorsqu'il est détaillé, ce sceptre, que tiennent les dieux, est terminé par la tête d'un animal mythique aux longues oreilles et au long nez.
Il s'appelle *ouas* et signifie « prospérité ».

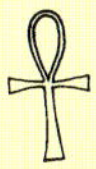

Ce hiéroglyphe représente les attaches d'une sandale, vues de dessus. Il se lit *ankh*, et signifie « vie ».
Dieux et déesses le tiennent à la main.

Symbole en forme de pilier, appelé *djed*, et signifiant « stabilité » ; très souvent associé aux deux précédents.

Cet objet, appelé « nœud d'Isis », en égyptien *tit*, est très souvent associé au pilier *djed* comme motif décoratif (voir p. 53).
Beaucoup d'amulettes ont la forme du « nœud d'Isis ».

Œil fardé, se lisant *oudjat*. Il représente l'œil d'Horus, arraché et mis en pièces par son oncle Seth.
Thot le reconstitua, et il devint symbole d'intégrité.

Une femme assise, coiffée d'une plume d'autruche, telle est la déesse *maât*. Elle personnifie la vérité, la justice, l'ordre du monde. Le pharaon en fait offrande aux divinités.
On met le cœur du défunt en balance avec une effigie de *maât* dans la scène de la psychostasie (voir p. 77).

LES DIEUX
ET LES MORTS

L'ÉGYPTOMANIE ARCHITECTURALE

L'expédition de Bonaparte en Égypte, en 1799, contribua largement à populariser la civilisation pharaonique dont l'influence a marqué bon nombre de monuments modernes.

Dès l'Antiquité, à Rome, près de la porte Saint-Paul, la pyramide de Caïus Cestius, haute de 37m (voir photo page 91), fut édifiée par un noble romain, déjà féru d'égyptologie...

Aux États-Unis, en plein Las Vegas, se dressent avec insolence des copies d'une pyramide (abritant un casino) et d'un sphinx !

À Paris, le parc Monceau abrite un monument insolite : la pyramide de Carmontelle, architecte-paysagiste français du XVIIIe siècle.

Toujours à Paris, 42 rue de Sèvres, la fontaine du Fellah (voir photo ci-contre), est une statue égyptisante du XIXe siècle inspirée de statues anciennes d'Antinoüs, jeune Grec d'une grande beauté, favori de l'empereur romain Hadrien, qui mourut noyé dans le Nil, au grand désespoir de son maître !

Récemment encore, la grande pyramide de verre construite par l'architecte Pei, en 1989, dans la cour du Louvre, à Paris, atteste toujours la fascination exercée depuis des siècles par l'architecture pyramidale.

Des momies et des livres...

LES DEUX HOMMES SE SONT ARRETES DEVANT UN ENORME BLOC DE CALCAIRE FIN DONT LES MYSTERIEUX HIEROGLYPHES PROPOSENT UNE FOIS DE PLUS LEUR SECRET.

Écrivains, poètes et romanciers d'hier et d'aujourd'hui se sont souvent inspirés dans leurs œuvres de l'Égypte pharaonique : Théophile Gautier et son Roman de la momie (paru en 1858), Sully Prudhomme ou José Maria de Heredia, dont les poèmes chantent les pharaons et les dieux égyptiens ; l'écrivain finlandais Mika Waltari a connu de nos jours un succès mondial avec son roman Sinouhé l'Égyptien (1977), adapté d'un chef-d'œuvre de la littérature égyptienne.

Les auteurs de bandes dessinées n'échappent pas à cette influence égyptisante, inépuisable source d'inspiration graphique et de scénarios exotiques : Le Sphinx d'or de Jacques Martin, le caricatural Astérix et Cléopâtre de Goscinny et Uderzo ; Le Mystère de la grande pyramide d'Edgar P. Jacobs, dont les hiéroglyphes sont tout à fait fantaisistes à une exception près, dans le tome I, page 9 (voir vignette ci-dessus).

Des monuments « dépaysés »

Dès l'Antiquité, certains riches Romains, par goût de l'exotisme, ont acheminé dans leur pays nombre d'obélisques égyptiens, dont pas moins de treize se dressent encore en divers endroits de Rome…

Cadeau diplomatique de l'Égypte à la France, l'obélisque de la place de la Concorde quitta Louqsor* en 1831 et arriva deux ans plus tard à Paris, après un long voyage à bord d'un bateau baptisé… *Louxor !* Il mesure 22,86 m de long et pèse 230 tonnes !

Bien d'autres monuments égyptiens authentiques, en particulier des temples, ont ainsi franchi les mers jusqu'à Madrid et même New York !

LEVER DE RIDEAU SUR PYRAMIDES

La civilisation pharaonique a pénétré le monde du spectacle. L'opéra, d'abord, avec *La Flûte enchantée* de Mozart (1791), dont les héros ont pour cadre le temple d'Osiris et d'Isis (voir décor ci-dessus), ou *Aïda* de Verdi (1871), dont le livret fut écrit par l'un des plus grands égyptologues de l'époque – archéologue passionné et fondateur du musée du Caire –, Auguste Mariette.

Le cinéma, ensuite, avec *Les Aventuriers de l'arche perdue* de Steven Spielberg, dont toute une séquence se déroule sur le site archéologique de Tanis, dans le delta du Nil ; *Les Dix Commandements* de Cecil B. De Mille, célèbre péplum à l'américaine ; ou encore *Mort sur le Nil,* adapté d'un roman policier anglais d'Agatha Christie, dont les décors « couleur locale » sont parfois des plus saugrenus, telle cette colossale tête de pharaon érigée à flanc de falaise pour l'ocassion !

Petit vocabulaire égyptien

L'écriture hiéroglyphique a disparu au IVe siècle de notre ère. En Égypte, on parle aujourd'hui l'arabe. Mais la langue des pharaons survit encore dans les cérémonies liturgiques des chrétiens d'Égypte, les Coptes*, ainsi que dans quelques mots de dialecte ou noms de lieux arabes : la ville d'Assouan*, en Haute-Égypte, célèbre pour son barrage sur le Nil, tire son nom de l'égyptien ancien sounet qui signifie « commerce », car c'était autrefois un lieu de troc à la frontière de la Nubie. En français même, certains mots sont d'origine pharaonique : « nénuphar » vient de l'égyptien ancien néfer signifiant « beau » ; le nom de la reine Néfertiti a la même origine et veut dire « la belle est arrivée ». Le mot égyptien seshen, « lotus », nous est parvenu sous la forme du prénom Suzanne. Le mot « papyrus » et « papier », qui en dérive, signifient étymologiquement « ce qui relève de pharaon ».

Quant à « alchimie », c'est une combinaison de l'égyptien kémyt signifiant « somme » et de l'article arabe al.

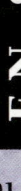

91

S'initier aux hiéroglyphes

Plusieurs universités ou établissements privés proposent des cours d'apprentissage de l'écriture hiéroglyphique. Mais le musée du Louvre prévoit aussi des séances d'initiation pour les plus jeunes.

Infos pratiques

Musée du Louvre,
34, quai du Louvre, 75001 Paris,
Tél. : (1) 40 20 51 51.

BIBLIOGRAPHIE

F. Daumas,
*La Civilisation
de l'Égypte pharaonique,*
Arthaud, 1965.

Ch. Desroche-
Noblecourt,
*Toutankhamon
et son temps,*
Hachette, 1967.

Y. Kœnig,
*Magie et magiciens
dans l'Égypte ancienne,*
Pygmalion, Paris, 1994.

P. Montet,
*La Vie quotidienne
en Égypte au temps
de Ramsès,*
Hachette, 1946.

G. Posener,
*Dictionnaire
de la civilisation
égyptienne,*
Hazan, 2ᵉ édition, 1974.

P. Vernus et J. Yoyotte,
Les Pharaons,
MA Éditions, Paris, 1988.

P. Vernus,
*Chants d'amour
de l'Égypte antique,*
Imprimerie nationale,
Paris, 1992.

*Égyptomania.
L'Égypte dans l'art
occidental, 1730-1990,*
Réunion des Musées
nationaux,
Paris, 1994.

ROMANS

Mort sur le Nil,
par Agatha Christie,
Le Masque, n° 329, 1945.

Le Roman de la momie,
par Théophile Gautier,
Garnier-Flammarion,
1966.

Sinouhé l'Égyptien,
par Mika Waltari,
Olivier Orban, 1977.

CINÉMA

Cléopâtre,
de Cecil B. De Mille
(États-Unis, 1934).

Les Dix Commandements,
de Cecil B. De Mille
(États-Unis, 1956).

*La Malédiction
des pharaons,*
de Terence Fisher
(Grande-Bretagne, 1959).

Cléopâtre,
de Joseph Mankiewicz
(États-Unis, 1963).

La Momie,
de Shadi Abd as-Salam
(Égypte, 1970).

Mort sur le Nil,
de John Guillermin
(Grande-Bretagne, 1978).

*Les Aventuriers
de l'arche perdue,*
de Steven Spielberg
(États-Unis, 1980).

BANDES DESSINÉES

Les Cigares du pharaon,
« Les aventures
de Tintin »,
par Hergé,
Casterman, 1955.

Astérix et Cléopâtre,
par Goscinny et Uderzo,
Dargaud, 1965.

Le Sphinx d'or,
« Les aventures d'Alix »,
par Jacques Martin,
Casterman, 1971.

Le Prince du Nil,
« Les aventures d'Alix »,
par Jacques Martin,
Casterman, 1974.

La Foire aux Immortels,
par Enki Bilal,
Dargaud, 1980,
Les Humanoïdes
associés, 1990.

*Le Mystère
de la grande pyramide,*
par Edgar P. Jacobs,
Blake et Mortimer,
Bruxelles, 1986 (2 vol.).

Collection « Les
aventures merveilleuses
de Papyrus »
(environ vingt titres),
par De Gieter,
Dupuis, années 1980.

Les mots définis dans ce lexique sont signalés par un astérisque dans l'ouvrage.

Abydos
Ville de Haute-Égypte, célèbre pour le culte d'Osiris.

Assiout
Ville marquant le début de la Moyenne-Égypte; patrie du dieu loup Ophaïs.

Assouan
Ville frontière au sud de l'Égypte, sur la première cataracte* du Nil; en face, se trouve l'île Éléphantine.

Bubale
Sorte d'antilope fréquente dans l'Égypte ancienne.

Calame
Roseau dont le bout est mâché et qui fait office de plume pour écrire.

Canopes (vases)
Quatre vases où étaient placés les viscères du mort. Les couvercles de ces vases représentent souvent un homme, un chacal, un faucon, un cynocéphale (singe).

Cartouche
Ovale entourant deux des cinq noms du pharaon.

Cataracte
Amoncellement de rochers à travers lesquels passe le Nil.

Chevet
Les Égyptiens dormaient en appuyant leur tête non sur un oreiller, mais sur un support de bois en forme de demi-lune, et muni d'un pied. On appelle aussi cet objet «appui-tête».

Choachyte
Prêtre chargé de faire des libations aux morts.

Copte(s)
Nom donné aux chrétiens d'Égypte et à la langue qu'ils utilisent dans leurs cérémonies. Cette langue représente le dernier état de l'égyptien ancien.

Criosphinx
Sphinx* à tête de bélier.

Deir el-Medineh
Nom actuel du site où fut retrouvé le village des artisans qui travaillèrent aux tombes royales de la vallée des Rois*. De là proviennent d'inestimables documents.

Déterminatif
Signe placé à la fin d'un mot et indiquant dans quelle catégorie se range ce mot.

Dromos
Allée conduisant du temple à un embarcadère.

Gebel
Zone désertique bordant les terres cultivables et s'élevant brusquement en falaise et petites montagnes.

Héliopolis
Ville de Basse-Égypte, centre du culte du Soleil (dieux Rê, Atoum).

Herminette
Sorte de rabot qui sert aussi comme instrument religieux dans le rituel de l'ouverture de la bouche.

Hiératique
Manière rapide et simplifiée d'écrire les hiéroglyphes.

Hiérogrammate
Prêtre spécialisé dans la théologie et les textes sacrés.

Horoscope
Prêtre chargé d'observer les astres et d'étudier le calendrier.

Hypogée
Tombe creusée dans la montagne ou dans le gebel*; voir *Syringes**.

Hypostyle (salle)
Salle soutenue par des colonnes; l'hypostyle du temple de Karnak* comporte 134 colonnes.

Idéogramme
Signe qui signifie ce qu'il représente.

Karnak
Le plus grand temple de la ville de Thèbes*. Les ruines actuelles couvrent plusieurs hectares et comptent parmi les plus spectaculaires.

Khepresh
Couronne d'apparat du pharaon, de couleur bleue.

Louqsor
Temple au sud de Karnak*, et relié à lui par un dromos*, maintenant en partie enfoui sous la ville moderne.

Maison de vie
Officine du temple où sont étudiés les livres sacrés, et où est dispensé l'enseignement sacerdotal.

Mammisi
Temple destiné au culte du dieu enfant.

Mastaba
Tombe rectangulaire aux murs légèrement inclinés et ressemblant à une banquette arabe appelée *mastaba*.

Memphis
Ville marquant la fin de la Haute-Égypte et le début de la Basse-Égypte; ancienne capitale, cité du dieu Ptah.

Naos
Tabernacle enfermant la statue du dieu.

Natron
Mélange de carbonate
et de bicarbonate de soude,
servant à divers usages, entre
autres à la momification.

Obélisques
Aiguilles de pierre
généralement dressées
par couple devant la porte
d'un temple.

Ostracon
Éclat de pierre ou tesson
servant de support d'écriture.

Père divin
Prêtre de catégorie supérieure.

Phonogramme
Signe utilisé pour la valeur
phonétique de ce qu'il
représente.

Prêtre lecteur
Prêtre qui lit les textes
religieux.

Prophète
Prêtre de la catégorie
la plus élevée.

Protocole
Ensemble des cinq noms
(titulature) du pharaon.

Pylône
Massif architectural défendant
l'entrée du temple.

Rosette
Ville de Basse-Égypte
où un soldat français découvrit,
en 1799, un décret trilingue
(hiéroglyphe, démotique,
grec). Ce décret, la « pierre
de Rosette », permit
à Champollion de déchiffrer
les hiéroglyphes en 1822.

Saïs
Ville de Basse-Égypte
où était adorée la déesse Neith.
Actuellement Sa al-Hagar.

Senet
Jeu comportant vingt ou trente
cases, analogue à notre jacquet.

Serviteur du double
Prêtre qui pourvoit
aux offrandes pour les morts.

Shadouf
Instrument servant
à puiser l'eau.

Sistre
Sorte de crécelle utilisée
dans le culte des déesses.

Sphinx
Lion couché, avec une tête
humaine coiffée d'une étoffe
rayée et pourvue d'une barbe
postiche ; voir Criosphinx*.

Stoliste
Prêtre qui a la charge du linge
sacré.

Stratigraphie
Méthode de fouille consistant
à délimiter et à analyser
les couches successives
correspondant chacune
à une période différente.

Syringes
Nom donné par les Grecs
aux hypogées* de Thèbes*.

Tanis
Ville de Basse-Égypte, capitale
de l'Égypte à la XXIe dynastie ;
on y a découvert une nécropole
royale inviolée.

Thèbes
Nom grec de la plus grande
ville d'Égypte, comprenant
les ruines actuelles
de Louqsor* et de Karnak*,
et aussi la nécropole de la rive
gauche, avec, en particulier,
la vallée des Rois*.

Uræus
Figure du serpent cobra,
protecteur des pharaons, qui
le portaient sur leur couronne.

Vallée des Rois
Nécropole royale de Thèbes*.

INDEX

95

Imprimé en France
par I.M.E. - Baume-les-Dames
Dépôt légal n° 4051-10/1994
Collection n° 86 - Edition n° 01
16/6660/1